Lumina no

Arbeitsheft

von
Ursula Blank-Sangmeister und
Hubert Müller

Vandenhoeck & Ruprecht

Bibliografische Information der Deutschen Nationalbibliothek

Die Deutsche Nationalbibliothek verzeichnet diese Publikation in der Deutschen Nationalbibliografie; detaillierte bibliografische Daten sind im Internet über http://dnb.d-nb.de abrufbar.

ISBN 978-3-525-71061-6

Printed in Germany.

Druck und Bindung: ⊕ Hubert und Co, Göttingen

Lektion 1

1.1 Übersetze.

Gaius und Atticus

Atticus grammaticus est. Gaius discipulus est.

Grammaticus fabulam dictat et dictat et dictat.

Discipulus scribit et scribit et scribit.

Scribere non iam iuvat.

5 Atticus fabulam Gai legit.

Errorem parvum invenit. Gaium vituperat.

Gaius tacet.

Grammaticus legit, magnum errorem invenit.

Valde clamat. Et Gaius?

10 Discipulus ridet.

Atticus iratus clamat et clamat et clamat.

Gaius autem ridet et ridet et ridet …

grammaticus *m.*: Lehrer

dictāre: diktieren

Gāī *Gen.*: des Gaius

parvus, parva: klein

tacēre: schweigen

rīdēre: lachen

1.2 a) Verwandle folgende Formen in den Nominativ bzw. Akkusativ.

Marcus → _____; timorem → _____; fabula Graeca → _____

_____; discipulus iratus → _____ _____;

errorem → _____; Lucium → _____.

b) Verwandle folgende Formen in den Infinitiv bzw. in die 3. Pers. Sg.

delectare → _____; tenere → _____; invenire → _____;

scribere → _____; salutat → _____; discit → _____;

timet → _____; audit → _____; intrat → _____;

legit → _____; debere → _____; studet → _____;

vituperare → _____; clamare → _____; errare → _____;

laudat → _____.

1.3 Ein Wort passt aus grammatischen Gründen nicht in die Reihe. Suche das »schwarze Schaf«, streiche es und begründe deine Lösung.

a) libenter, saepe, est, valde, nunc _____

b) tenet, scribit, debet, placet, licet _____

c) discipulus, Atticus, Lucius, fabula _____

d) timorem, errorem, Graecam,

  discipulum, fabulam _____

1.4 Was ist in der Schule des Atticus den Schülerinnen und Schülern erlaubt bzw. nicht erlaubt? Setze passende Infinitive aus dem Angebot mit *licet* bzw. *non licet* zu zwei langen Sätzen zusammen.

Angebot:

grammaticum salutare, fabulam legere, libellum scribere, libellum legere, grammaticum timere, grammaticum vituperare, fabulam audire, errare, clamare, grammaticum laudare

a) _____

_____ licet.

b) _____

_____ non licet.

grammaticus *m.*: Lehrer – **libellus** *m.*: Aufsatz

Lektion 2

2.1 Übersetze.

Eine Abendeinladung

Cornelius et Iulia uxor litteras Latinas et Graecas valde amant.	**litterae** *f. Pl.*: Literatur **Latīnus,** a, um: lateinisch
Itaque hodie Gaium, magnum auctorem,	**auctor** *m.*: Schriftsteller
Atticum grammaticum, alios amicos	**grammaticus** *m.*: Lehrer
ad cenam invitant.	
5 Libenter veniunt, nam cena semper bona et copiosa est.	**semper** *Adv.*: immer **cōpiōsus,** a: reichlich
Ancillae multos cibos apportant.	
Amici valde contenti sunt.	
Post cenam Gaius fabulas Graecas recitat.	**post** *m. Akk.*: nach **recitāre:** vorlesen
Cuncti Gaium laudant, quod fabulas bonas scribit.	**cūnctī:** alle
10 Atticus autem tacet, quod auctores bonos non amat.	**tacēre:** schweigen
Nam numquam magnos errores invenit,	**numquam** *Adv.*: niemals
numquam auctores vituperare potest …	**potest:** er kann

2.2 Setze die Reihen fort.

a) dominus – dominum – domini – dominos – amicus – amicum – amici – amicos –

uxor – _____ – _____ – _____ – ancilla – _____ –

_____ – _____ – via – _____ – _____ – _____ –

mercator – _____ – _____ – _____ .

b) cena bona – cenae bonae – cenam bonam – cenas bonas –

ancilla contenta – _____ – _____ –

_____ – dominus iratus – _____ –

_____ – _____ – timor magnus –

_____ – _____ – _____ .

c) exspectare – exspectat – exspectant –

vendere – _____ – _____ – esse – _____ – _____ – iubere

– _____ – _____ – audire – _____ – _____ – clamare –

_____ – _____.

2.3 Wer tut was? Ergänze die Endungen und übersetze.

1. Ancilla cib___ par___.

2. Amici domin___ saluta___. Dominus amic___ saluta___.

3. Amic___ valde contentus est. Amici valde content___ sunt.

4. Domin___ et domin___ ancillas lauda___. Domin___ serv___ laudat.

5. Cib___ bonus est. Cena bon___ e___.

6. Ancillae mens___ orn___.

7. Syr___ serv___ lect___ par___ et mens___ apporta___.

8. Ancill_____ hodie apud mecator___ cib___ emunt.

9. Amic___ adveni___ et valde contentus est. Amic___ adveniunt et valde content___ ___.

10. Discipul___ fabul___ leg___ non amat.

2.4 Ordne den Substantiven der linken Spalte passende Adjektive der rechten Spalte zu.

cenam	magnas
dominus	contentae
timorem	contentos
pecuniam	magnam
cibi	magnum
ancillae	bonam
mensas	iratus
amicos	boni

Lektion 3

3.1 Übersetze.

Der Fuchs und der Rabe

Corvus caseum rapuit.

Ad arborem volat; ibi caseum comedere incipit.

Tum vulpes corvum et caseum spectat.

»Salve, corve. Quid agis?«

5 Corvus autem tacet, caseum comest.

Vulpes clamat: »Nonne audis? Salve, corve!«

Corvus tacet.

Vulpes: »Quam bellus es! Quam belli estis, corvi!

Nos vulpes semper vos corvos spectare amamus …

10 Vos autem audire non amamus: Nam, heu!, cantare non potestis.

Tu tam bellus es, sed etiam tu cantare non potes.«

Corvus iratus est – et cantare incipit.

Itaque caseum dimittit.

Vulpes autem valde gaudet et caseum rapit.

corvus *m.*: Rabe – **cāseus** *m.*: Käse – **rapuit:** er hat gestohlen
arbor *f.*: Baum – **volāre:** fliegen
comedere: essen – **incipere:** anfangen
vulpēs *f.*: Fuchs

comest: er isst

quam: wie – **bellus,** a: schön

vulpēs *Nom. Pl. f.*: Füchse

heu: ach! – **cantāre:** singen

sed: aber

dīmittere: hier: fallen lassen

gaudēre: sich freuen – **rapere:** stehlen

3.2 Kreuze an, welche Form des Verbs vorliegt.

a)

Form	Person			Numerus		Imperativ	Infinitiv
	1	2	3	Sing.	Plural		
sunt							
vocamus							
vehitis							
spectate							
legis							
dormio							
posse							

b)

Form	Person			Numerus		Imperativ	Infinitiv
	1	2	3	Sing.	Plural		
ite							
veniunt							
potestis							
ago							
tacet							
cave							
opprimunt							

3.3 Ergänze die Personalpronomina und die fehlenden Endungen in folgendem Text.

Markus sitzt in der Schule und macht sich seine Gedanken:

a) »_____ Atticum saluto, sed cur magister hodie _____ non salutat?   **sed**: aber

b) Scribere et legere libenter disc____,

    _____ autem, Attice, tim____.

c) Nam saepe Lucium laud____, _____ autem semper vituper____.

d) Cur, Quint____, nihil ag____, nonne magistr____ aud____?

e) Miser Quintus nunc legere deb____, err____.

f) Cur, Attic____, Quintum non adiuv____?

g) Cur semper nos discipulos vituper____,

    nonne _____ laudare pot____?

h) Fabulas audire non pos____, fess____ sum. «

8

Lektion 4

4.1 Übersetze.

Der Sklave Dorus

Caesar Tiberius hodie villam visitat.

Dorus, servus Tiberii,

cum dominum videt,

laborare incipit:

5 Paulisper tectum horrei reparat,

paulisper frumentum colligit,

paulisper uxorem vilici et ancillas adiuvat:

Cenam Caesari parant.

Diu vias horti camporumque pulverulentas,

10 quibus Caesar ambulat,

aqua conspargit …

Denique Tiberius servum advocat.

Dorus gaudet; Caesar autem:

»Cuncti labores, Dore, vani sunt.

15 Ego te non manumittam!«

Dōrus, ī *m.*: Eigenname

Caesar Tiberius, Caesaris Tiberiī *m.*: Kaiser Tiberius *(1. Jh. n. Chr.)*

incipere: anfangen

paulisper *Adv.*: ein Weilchen

diū *Adv.*: lange
pulverulentus, a, um: staubig
quibus: auf denen

aquā conspargit: er besprengt mit Wasser
dēnique *Adv.*: schließlich
advocāre, advocō: *Erschließe die Bedeutung aus* ad + vocāre
gaudēre: sich freuen
vānus, a, um: vergeblich

manumittam: ich werde freilassen

4.2 Wie viele Präpositionen, Adverbien und Adjektive enthält der Kasten? Wenn du die Zahlen richtig hintereinander schreibst, ergibt sich wichtiges Jahr der römischem Geschichte.

portare, advenire, cibus, hodie, cena, ad, apud, bonus, uxor, miser, subito, postridie, piger, monstrare, salus, ubique, dare, cavere, labor, fessus, vos, post, vale, libenter, tum, ibi, magnus.

Lösung: _____

4.3 Kopiere die Übung, schneide das Formendomino aus und bringe die »Steine« in die richtige Reihenfolge.

magister iratus	Dativ

uxorem miseram	dieselbe Form von salus bona

magnorum hortorum	Singular

magistrorum miserorum	Akkusativ

vilicis bonis	Singular

ancillis multis	Genitiv

otium bonum	dieselbe Form von magnum gaudium

domino bono	dieselbe Form im Pl. von ancillae multae

servum pigrum	Genitiv Plural

magni horti	dieselbe Form von vita dura

senatori pigro	Genitiv

vitae durae	dieselbe Form von otium bonum

servorum pigrorum	dieselbe Form von magister miser

saluti bonae	dieselbe Form von dominus bonus

magistros miseros	Dativ

magnum gaudium	dieselbe Form von servus piger

magistro irato	dieselbe Form von vita dura

senatoris boni	dieselbe Form von magister iratus

vilico bono	dieselbe Form von senator piger

magistri irati	Nominativ

senatoris pigri	dieselbe Form von uxor misera

uxoris miserae	Akkusativ

salutem bonam	Dativ

otio bono	Akkusativ

vitae durae	dieselbe Form von senator bonus

magistris miseris	dieselbe Form von vilicus bonus

ancillarum multarum	dieselbe Form von magnus hortus

Lektion 5

5.1 Übersetze.

Der Frosch und der Ochse

Rana per pratum ambulat et natis suis cibum quaerit.

Subito magnum bovem per pratum ire videt.

Bovem tam magnum, ranas tam parvas esse non gaudet.

Itaque pellem inflat natosque interrogat:

5 »Egone nunc tam magna sum quam bos?«

Nati negant.

Rana iterum pellem inflat, iterum natos interrogat:

»Nonne videtis me nunc tam magnam esse quam bovem?«

Nati rident:

10 »Nonne scis boves semper maiores esse quam ranas?«

Tum rana valde irata est

pellemque inflat et inflat et inflat.

Subito bos natos ranae clamare audit:

Pellis ranae rupta est …

rāna, ae *f.*: Frosch – **prātum,** ī *n.*: Wiese – **nātus,** ī *m.*: Kind
bōs, bovis *m.*: Ochse

pellis, is *f.*: Haut – **īnflāre,** īnflō: aufblasen – **interrogāre,** interrogō: fragen – **quam:** wie

negāre, negō: verneinen

iterum *Adv.*: wieder

rīdēre, rīdeō: lachen

māior, māiōris: größer
quam: *nach Komparativ:* als

ruptus, a, um: geplatzt

5.2 Der Bademeister der Lieblingstherme unseres Senators Gnaeus Claudius macht seine Beobachtungen und denkt still vor sich hin … Unterstreiche jeweils den aci und wähle dabei für Subjekts- bzw. Objektsakkusative unterschiedliche Farben. Übersetze.

Syrus Gnaeum Claudium thermas intrare videt.

Syrus Gnaeum palaestram intrare,

amicos quaerere, sed non invenire videt.

Gnaeo clamorem non placere scit;

5 Gnaeum in caldarium properare videt.

Sed nunc Philodemum intrare videt;

videt senatorem in laconicum fugere,

postea in piscina natare.

Gnaeum diem carpere valde gaudet.

thermae, ārum *f.*: Thermen

palaestra, ae *f.*: Sporthalle

caldārium, ī *n.*: Warmbecken

lacōnicum, ī *n.*: Sauna

in piscīnā: im Schwimmbecken
natāre: schwimmen
carpere, carpō: genießen

5.3 Du freust dich auf einen schönen Thermenbesuch in einer echt römischen Therme, bezahlst den Eintritt, legst deine Kleider ab. Da taucht Atticus auf und fordert dich auf, dein Lateinbuch abzugeben. Und nun wird dir klar, dass du in eine der gefürchteten Grammatikthermen geraten bist:

a) In der *palaestra* beginnst du mit leichtem Aufwärmen durch Konjugations- und Deklinationsübungen. Fülle die freien Felder aus.

1. Pers. Sg.						
2. Pers. Sg.	fugis					
3. Pers. Sg.		quaerit				
1. Pers. Pl.			audimus			
2. Pers. Pl.						
3. Pers. Pl.				eunt		
Imperativ Sg.						
Imperativ Pl.						
Infinitiv						studere

Nom. Sg.						
Gen. Sg.				orationis		
Dat. Sg.						
Akk. Sg.			rem novam			
Nom. Pl.						
Gen. Pl.		gaudiorum				
Dat. Pl.						
Akk. Pl.	servos bonos					dies

b) Davon schon recht erhitzt, gehst du ins kühle *frigidarium*, wo es dir aber sofort kalt den Rücken hinunterläuft; denn Atticus lässt dich einige unangenehme Aufgaben lösen.

Was für ein Pronomen ist *suus*? _____

Wie heißt die semantische Funktion des Genitivs in dem Ausdruck *nemo senatorum*?

_____

Wie übersetzt man *esse* als Vollverb?_____

Nach welchen Verben steht oft der aci?_____

c) Jetzt wird dir die Fragerei zu dumm: In einem unbeobachteten Moment springst du mit lautem Klatschen in die *piscina*.

Nenne sieben lateinische Verben, die eine Bewegung bezeichnen.

_____

_____

Nenne drei Verben, die zum Wortfeld »laut oder leise sprechen, sagen« gehören.

_____

Nenne drei Verben, die eine Gemütsbewegung ausdrücken.

_____

d) Dieses Wasser wird dir zu kalt: Du gehst in die Sauna *(laconicum)*, wo dir semantischer Dampf adverbialer Bestimmungen entgegenschlägt; ordne zu.

lateinischer Ausdruck	semantische Funktion
libenter	Zeit
saepe	Zeit
hodie	Zeit
ibi	Zeit
ad mensam	Zeit
per vias	Zeit
apud villam	Ort
post noctem	Ort
semper	Ort
ubique	Ort
subito	Ort
valde	Art und Weise
multos dies	Art und Weise

Jetzt hast du dir aber eine feine *cena* verdient!

Lektion 6

6.1 Übersetze.

In amphitheatro

Lucius et Aulus in amphitheatro sunt.

Ibi iam prima luce multi homines pugnas exspectant.

Primo gladiator cum leone pugnat.

Bestia magna cum ira virum adit, vulnerat, necat.

5 Turba gaudet.

Paulo post duo gladiatores in arenam veniunt.

Retiarius rete et fuscina, secutor gladio pugnat.

Retiarius secutorem rete capit.

Sed secutor se liberat et retiarium gladio vulnerat.

10 Lucius et Aulus multum sanguinem manare vident.

Tamen turba contenta non est:

»Neca! Necate!«

Gladiatores diu magna cum virtute pugnant.

Denique retiarius secutorem necat.

15 Turba valde gaudet

– et pugnas novas magna voce postulat.

Aulus: »Abeo. Vale, Luci.«

Lucius: »Cur abire cupis?«

Aulus: » ... «

20 Lucius: »Stultus es. Nonne gladiatores

homines malos esse scis? Sunt scelesti et parricidae.«

Aulus: »Sunt tamen homines.«

---

amphitheātrum, ī *n.*: Amphitheater

prīmō *Adv.*: zuerst – **gladiātor, ōris**: Gladiator – **leō, ōnis** *m.*: Löwe **bēstia, ae** *f.*: (wildes) Tier – **īra, ae** *f.*: Zorn – **adīre, adeō**: *Erschließe die Bedeutung aus* ad + īre **vulnerāre, vulnerō**: verwunden **duo**: zwei – **arēna, ae** *f.*: Arena

rētiārius, ī *m.*: Netzkämpfer **rēte, is** *n.*: Netz – **fuscina, ae** *f.*: Dreizack – **secūtor, ōris** *m.*: Secutor (»Nachsetzer«)

sē līberāre, līberō: sich befreien

sanguis, sanguinis *m.*: Blut **mānāre, mānō**: fließen

virtūs, virtūtis *f.*: Tapferkeit

dēnique *Adv.*: schließlich

postulāre, postulō: fordern

abīre, abeō: fort-, weggehen

stultus, a, um: dumm

malus, a, um: schlecht **scelestus,** ī *m.*: Verbrecher **parricīdae** *Nom. Pl. m.*: Mörder

6.2 Ergänze auf Deutsch, was Aulus in Z. 19 des Textes 6.1 zu Lucius gesagt haben könnte.

_____

_____

6.3 Die Kleinen sind oft die Schwierigsten. Ordne folgende Zwei-Buchstaben-Wörter ihren deutschen Bedeutungen zu.

et	du
me	ich gehe
tu	ich gebe
do	du gehst
in	mich
de	gib
ad	von (herab)/über
da	zu, an, bei
is	in/auf; in ... hinein/nach
eo	durch die Sache
re	und

6.4 Stelle zehn sprachlich korrekte und sinnvolle Verbindungen zwischen den Substantiven in der linken und den Adjektiven in der rechten Spalte her.

res	verae
gaudio	parata
pugnae	fessum
erroribus	cunctae
senatorem	multas
verbo	magno
voci	multis
turba	magno

Lektion 7

7.1 Übersetze.

De Narcisso

Echo nympha Narcissum, iuvenem formosum, valde amat.

Eum, cum per campos ambulat,

saepe vocat, saepe adire studet.

Is autem, cum Echo eum tangere cupit, in fugam se dat.

5 Itaque nympha irata deos orat:

Narcissus, si ipse amat, ne exaudiatur.

Aliquando iuvenis ad fontem venit

et imaginem suam in aqua videt.

Nescit autem eam imaginem se ipsum esse,

10 nescit se sibi ipsi placere,

sed gaudet se imaginem viri tam formosi spectare.

Subito magno amore commotus

eum adire et oscula ei dare temptat,

sed frustra: Imago eius in aqua se turbat.

15 Narcissus iterum imaginem adire studet,

iterum eam tangere non potest.

Iuvenis miser flet, orat, sperat.

Nunc semper ad fontem manere cupit,

nam oculos ab imagine non iam flectere potest.

20 Multis diebus post nimio amore e vita cedit –

et homines pro eo florem – narcissum – inveniunt.

Narcissus, ī *m.: Eigenname*

Ēchō *f.:* Eigenname – **nympha,** ae *f.:* Nymphe *(Naturgottheit)*
iuvenis, iuvenis *m.:* junger Mann
fōrmōsus, a, um: schön

deus, ī *m.:* Gott

ipse *m.:* selbst; *Dat.:* ipsī; *Akk.:* ipsum – **nē exaudiātur:** er soll nicht erhört werden

aliquandō *Adv.:* einmal – **fōns,** fontis *m.:* Quelle
imāgō, imāginis *f.:* Bild – **aqua,** ae *f.:* Wasser
nescīre, nesciō: nicht wissen

amor, amōris *m.:* Liebe – **commōtus,** a, um: bewegt, ergriffen
ōsculum, ī *n.:* Kuss

frūstra: vergeblich – **sē turbāre,** turbō: sich trüben
iterum *Adv.:* wiederum, erneut

spērāre, spērō: hoffen

nimius, a, um: zu groß
prō *m. Abl.:* anstelle von
flōs, flōris *m.:* Blume
narcissus, ī *m.:* Narzisse

7.2 Ersetze die kursiv gedruckten Wörter durch Formen von is, ea, id.

a)   Res publica in periculo est: Pars plebis *rem publicam* _____ evertere temptat.

       Multos dies consules senatoresque de *re publica* _____ deliberant.

b)   Hodie Gnaeus Claudius senator thermas intrat; interdum enim nihil agere amat.

       Servus vestes *Gnaei* _____ custodit.

c)   Claudius palaestram intrat. Senatores, amici *Gnaei* _____, hodie absunt.

       Tamen *amicos* _____ saepe thermas visitare scit.

d)   *Gnaeo* _____ clamor non placet. Itaque in caldarium properat.

       Sed ibi Philodemus *Gnaeum* _____ salutat et de multis rebus disputare cupit.

e)   Senator in tepidarium properat, cum servos suos videt. *Servi* _____ subito fugiunt.

in perīculō: in Gefahr – **ēvertere,** ēvertō: umstürzen – **thermae,** arum *f.*: Thermen – **vestis,** is *f.*: Kleinung **palaestra,** ae *f.*: Sporthalle – **caldārium,** ī *n.*: warmer Raum mit Warmwasserbecken – **tepidārium,** ī *n.*: lauwarmer Raum

7.3 Wenn du einmal ein Wort im Wörterbuch nachschlagen musst, so findest du die Substantive immer nur im Nominativ Singular, die Verben nur in der 1. Person Singular Präsens. Unter welcher Form musst du also folgende Wörter nachschlagen?

commovemus: _____; abes: _____; exi: _____;

regnis: _____; diebus: _____; denti: _____;

solem: _____; umbras: _____; pede: _____;

locis: _____; re: _____; vocis: _____;

vocas: _____; lucis: _____; signa: _____;

pugnas (2): _____; _____; fugam: _____;

fugis: _____; orationes: _____; gaudes: _____;

consulis (2): _____; _____; salutem: _____;

Lektion 8

8.1 Übersetze.

De Nioba

Tantalo, qui, ut scimus,

in regno umbrarum magnis doloribus laborare debet,

filia nomine Niobae est.

Quae uxor est Amphionis, regis Thebanorum,

5 cui septem filios septemque filias peperit.

Aliquando Thebanae Latonae deae,

matri Apollinis et Dianae, immolant,

cum Nioba,

quae putat se eis honoribus dignam esse,

10 appropinquat et magna voce clamat:

»Thebanae, cur deam,

cui tantum unus filius unaque filia est, adoratis?

Nonne videtis

me eam numero filiorum filiarumque longe superare?«

15 Quae verba Latonam valde laedunt,

itaque Apollinem adit et auxilium ab eo petit.

Paulo post Apollo filios Niobae,

qui per campos equitant, ludunt, rident, sagittis necat.

Nioba multis cum lacrimis corpora filiorum spectat,

20 tamen superbia eius nondum victa est.

»Filii mei mortui sunt, sed mihi adhuc septem filiae manent;

Latonam, quam Thebanae tam libenter adorant,

numero filiarum adhuc longe supero!«

Tum Diana iussu Latonae matris etiam filias,

25 dum fratres mortuos deflent, sagittis necat.

Nioba, ae *m.: Eigenname*

Tantalus, ī *m.: Sohn Jupiters, König in Lydien (Kleinasien)* – **ut:** wie

Amphiō, Amphīōnis *m.: Eigenname* – **rēx,** rēgis *m.:* König – **Thēbānus,** ī *m. bzw.* a, um: Thebaner *(Einwohner von Theben);* thebanisch – **septem:** sieben – **peperit:** sie hat geboren

aliquandō *Adv.:* einmal – **Thēbānae:** die Thebanerinnen – **Lātōna,** ae *f.: Eigenname* – **māter,** mātris *f.:* Mutter – **Apollō,** Apollinis *m.: Gott der Wissenschaften und Künste* – **Diāna,** ae *f.: Göttin der Jagd* – **immolāre,** immolō: opfern **honōribus dīgnus,** a, um: der Ehren würdig

tantum *Adv.:* nur
ūnus, a, um: ein, einzig

numerus, ī *m.:* Zahl – **longē** *Adv.:* bei weitem

auxilium petere, petō: Hilfe erbitten

equitāre, equitō: reiten
sagitta, ae *f.:* Pfeil

superbia, ae *f.:* Stolz, Hochmut – **nōndum** *Adv.:* noch nicht – **victus,** a, um: besiegt – **mortuus,** a, um: tot – **adhūc** *Adv.:* noch immer

iussū: auf Befehl

frāter, frātris *m.:* Bruder
dēflēre, dēfleō: beweinen

8.2 Nur nicht verwirren lassen! Welche Übersetzungen sind richtig? Die Buchstaben vor den richtigen Übersetzungen ergeben – in die richtige Reihenfolge gesetzt – den Namen einer römischen Göttin.

ea, quae	A) die, die B) der, dessen C) das, dem D) durch das, was
eum, quem	E) dessen, wem F) den, den G) das, was H) die, die I) dessen, der
ei, cui	J) die, die K) der, die L) dem, dem M) dessen, dem
id, quod	N) dem, der O) das, was P) dic, die Q) der, dem
ii, qui	R) die, die S) dem, der T) das, was

Lösung: _____

8.3 Setze die passenden Personalpronomina in folgende Sätze ein.

a)   _____ laborare debeo, et quid _____ facis?

b)   Nonne _____ adesse potes? Num tempus _____ non est?

c)   Quid _____ terrore afficit?

d)   Consiliumne _____ dare potes? Magnis doloribus laboro.

e)   Pater vester _____ adiuvat, sed pater noster _____ adesse non potest.

f)   _____ beatus sum, nonne _____ curis liber es?

g)   Semper cenae vestrae intersumus. Hodie _____ _____ ad cenam invitamus.

facere, faciō: machen, tun – **cūra,** ae *f.*: Sorge

Lektion 9

9.1 Übersetze.

Das Paris-Urteil

Paridem pastorem,

qui in montibus Troiae greges regis custodiebat,

Mercurius, nuntius deorum, adiit interrogavitque:

»Iamne scis Iunoni, Minervae,

5   Veneri deis controversiam fuisse et esse?

Tu, ut deo maximo placuit, arbiter esto:

Quis dearum pulcherrima est?

Da hoc pomum aureum, quod mecum portavi, deae,

quam pulcherrimam putas.«

10   Deae, quae cum Mercurio fuerunt, appropinquaverunt.

Tum Iuno: »Nonne potentiam amas?

Da mihi pomum et tibi regnum orbis terrarum futurum est!«

Deinde Minerva dixit:

»Regnum tenere – id, quod Iuno tibi promisit – molestum est:

15   Semper hostes timere debes.

Ego autem tibi victoriam et gloriam aeternam promitto,

da igitur mihi pomum aureum!«

Tum autem Venus: »Nonne scis regnum aut gloriam

homines numquam beatos, sed semper solos reddidisse?

20   Ego dea amoris sum,

ego mulierem pulcherrimam orbis terrarum tibi promitto.«

Statim Venus a Paride pomum aureum accepit.

Paulo post Paris Spartam abiit:

Helenam spectavit, audivit, amavit, Troiam abduxit …

Paris, idis *m.*: *trojanischer Prinz*

Trōia, ae *f.*: *Stadt in Kleinasien*
cūstōdiēbat: er hütete
Mercurius, ī *m.*: *Eigenname* – **nūntius,** ī *m.*: Bote – **interrogāre:** fragen

Iūnō, Iūnōnis *f.*: *Gemahlin des Iuppiter* – **Minerva,** ae *f.*: *Göttin der Wissenschaften und Künste*
Venus, Veneris *f.*: *Göttin der Liebe*
contrōversia, ae *f.*: Streit
arbiter, arbitrī *m.*: Schiedsrichter
estō: du sollst sein

hoc *(Akk. Sg. n.)*: diesen – **pōmum aureum** *n.*: goldener Apfel

futūrus, a, um: zukünftig

deinde *Adv.*: darauf(hin)

molestus, a, um: beschwerlich

hostis, is *m.*: Feind

glōria, ae *f.*: Ruhm – **aeternus,** a, um: ewig
igitur: also

numquam: niemals – **sōlus,** a, um: einsam – **reddere,** reddō, reddidī *m. doppeltem Akk.*: *zu etw.* machen

statim *Adv.*: sofort

Sparta, ae *f.*: *Stadt in Griechenland*
Helena, ae *f.*: *Königin von Sparta*
abdūcere: wegführen

9.2 Fülle die freien Kästchen aus.

1. Pers. Sg.								accepi
2. Pers. Sg.							scripsisti	
3. Pers. Sg.					placuit			
1. Pers. Pl.				diximus				
2. Pers. Pl.			existis					
3. Pers. Pl.		potuerunt						
Inf. der Vorzeitigk.	cognovisse							

9.3 Welche Aussagen passen zu welcher Person? Ordne zu.

Menelaus	cum Dite regnum umbrarum tenuit
Paris	Helenae multa de Paride hospite narravit
Helena	valde iratus fuit
Aethra	Spartae hospes Menelai fuit
Proserpina	filius regis Troianorum fuit
Dis	Helenam amavit
	Paridem amavit
	mulier pulcherrima fuit
	rex umbrarum fuit
	Helenae vitam laetam et a curis liberam promisit

Menelāus, ī *m.: König von Sparta* – **Paris,** idis *m.: trojanischer Prinz* – **Helena,** ae *f.: Königin von Sparta* – **Prōserpina,** ae *f.: Gemahlin des Dis/Pluto; Herrscherin in der Unterwelt* – **Dīs,** Dītis *m.: Pluto (Gott der Unterwelt)* – **Sparta,** ae *f.: Stadt in Griechenland* – **Trōiānus,** ī *m.: Trojaner* – **Trōia,** ae *f.: Stadt in Kleinasien*

9.4 Woher? Wo? Wohin? Übersetze.

a) in scholam ire b) in schola esse c) e schola fugere d) in villam properare e) e villa cedere

f) in villa manere g) Spartae manere h) Roma abire i) Corinthi esse j) Italia abire k) tota

urbe l) Romae esse m) alio loco n) in Africa pugnare o) Roma venire p) discipulum ad

magistrum vocare q) ex Africa venire r) Romam redire s) Spartae vitam duram agere

schola, ae *f.: Schule* – **Sparta,** ae *f.: Stadt in Griechenland* – **Rōma,** ae *f.: Rom* – **Corinthus,** ī *f.: Korinth* – **Italia,** ae *f.: Italien* – **Africa,** ae *f.: Afrika*

Lektion 10

10.1 Übersetze.

Prometheus

Prometheus gehörte zum Geschlecht der Titanen, der früheren Götter, die von Zeus und seinen Geschwistern entthront wurden.

Prometheus, postquam caelum terraque creata sunt,	**postquam … creāta sunt:** nachdem … erschaffen worden waren – **bēstia,** ae *f.:* (wildes) Tier
multas bestias in terra esse vidit,	
deesse autem animal, in quo animus habitare poterat.	**deesse:** fehlen – **animal,** lis *n.:* Lebewesen – **habitāre,** habitō: wohnen
Itaque terra aquaque formavit animal	**fōrmāre,** fōrmō: bilden, erschaffen
5 secundum deorum imaginem.	**secundum** *m. Akk.:* gemäß, nach **imāgō,** imāginis *f.:* Bild
Cui virtutes vitiaque, quae ex aliis bestiis sumpserat, dedit.	**vitium,** ī *n.:* Fehler, Laster **sūmpserat:** er hatte genommen
Minerva ei addidit animum, animum deorum.	**Minerva:** *Göttin der Wissenschaften und Künste*
Ii autem homines ea,	
quae vitae bonae humanaeque utilitati sunt,	**hūmānus,** a, um: menschenwürdig **ūtilitās,** ūtilitātis *f.:* Nutzen
10 parare non poterant.	
Deerat enim iis ignis,	**īgnis,** is *m.:* Feuer **Iuppiter,** Iovis *m.: höchster Gott der Römer* – **negāre,** negō: verweigern
quem Iuppiter animalibus novis negabat.	
Sed Prometheus ignem clam in terram apportavit	**clam** *Adv.:* heimlich
et hominibus dono dedit.	
15 Itaque deis magno odio fuit.	
Iovis autem iussu Vulcanus Prometheum in Caucasum traxit	**iussū:** auf Befehl – **Vulcānus,** ī *m.: Gott des Feuers und der Schmiedekunst* – **Caucasus,** ī *m.: Gebirge in Asien* – **catēna,** ae *f.:* Kette – **dēligāre,** dēligō: schmieden
et catenis ad montem deligavit.	
Ibi semper aquila partem eius iecoris comedebat,	**aquila,** ae *f.:* Adler – **iecur,** iecoris *n.:* Leber – **comedere,** comedō: fressen – **restituere,** restituō: erneuern
sed semper ea pars se restituebat.	
20 Prometheus autem dolores magna cum virtute ferebat,	**ferēbat:** er ertrug
quod se hominibus magnum donum dedisse credebat.	
Tandem, multis annis post, Hercules Prometheum liberavit.	**Herculēs,** is *m.: griech. Halbgott*

10.2 Führe folgende Wörter auf ihre lexikalische Form (1. Pers. Sg. Präs. bzw. Nom. Sg.) zurück.

ignorabamus	_____	mulieribus	_____
convenerunt	_____	capita	_____
desiisti	_____	sta	_____
dolo	_____	prodebamus	_____
robore	_____	exierunt	_____
intereram	_____	flete	_____
grege	_____	laedebatis	_____
orbi	_____	terrorem	_____
hospitem	_____	aberant	_____
promisimus	_____	capiebam	_____
credidistis	_____	spebus	_____
vicit	_____	plebi	_____
placuit	_____	age	_____

10.3 Trojaquiz auf Lateinisch: Wenn du die Buchstaben der richtigen Lösungen in die richtige Reihenfolge bringst, ergibt sich der Name einer berühmten Person des trojanischen Sagenkreises.

Is vir dolum invenit: equum Troianum.	H) Ulixes F) Idomeneus D) Menelaus
Paris eam pulcherrimam putavit.	C) Iunonem E) Helenam O) Minervam
Nomen magni regis	R) Agamemnon H) Homerus N) Achilles
Graeci Troiam oppugnabant	L) III annos O) IV annos K) X annos
Ulixes domum navigabat	O) X annos Q) XX annos P) V annos
Aeneas Italiam venit et ibi condidit	J) Brundisium K) Neapolim T) Lavinium

nāvigāre: mit dem Schiff fahren – **Aenēās,** ae *m.: trojanischer Königssohn, Stammvater der Römer* **Italia,** ae *f.:* Italien – **condere,** condō, condidī: gründen

Lösung: _____

Lektion 11

11.1 Übersetze.

Laocoon

Quamquam Graeci Troiam decem iam annos oppugnabant,

urbem expugnare non poterant.

Tandem Ulixes cum manu Graecorum

equum ligneum aedificavit,

5   in quo se cum paucis sociis occultavit.

Tum exercitus Graeci ab ora Troiae abierunt

et in insulam non longe a Troia sitam se receperunt,

equum autem ante urbem reliquerunt.

Reliquerunt etiam quendam Sinonem …

10 Ubi primum Troiani viderunt hostes abisse,

Sinonem de ea re interrogaverunt.

Qui, ut Ulixes ei mandaverat, narravit

Graecos domum navigavisse

illumque equum Minervae dono dedisse,

15 ut ventis bonis in patriam redirent.

Quamquam Laocoon dicebat:

»Incendite equum, si Troiam ab interitu servare cupitis.

Timeo enim Graecos, etiam si dona portant«,

Troiani tamen verbis sacerdotis non parebant.

20 Et cum subito magnus anguis e fluctibus apparuit

et Laocoontem filiosque eius necavit,

id omen Troianos maximo metu deorum affecit.

Equum in urbem suam traxerunt.

Postquam Troiani totam noctem

25 victoriam Graecorum multo vino celebraverunt

Laōcoōn, Laōcoontis *m.:* *trojanischer Priester*

Graecī, ōrum *m.:* Griechen
Trōia, ae *f.:* *Stadt in Kleinasien*

Ulixēs, is *m.:* Odysseus

līgneus, a, um: hölzern

occultāre, occultō: verbergen

īnsula, ae *f.:* Insel – **longē** *Adv.:* weit – **situs,** a, um: gelegen – **sē recipere,** recipiō: sich zurückziehen
quendam *Akk. Sg. m.:* einen gewissen – **Sinōn,** Sinōnis *m.:* *Name eines Griechen*
Trōiānus, ī *m.:* Trojaner – **hostis,** is *m.:* Feind
interrogāre: (be-)fragen

mandāverat: er hatte aufgetragen

nāvigāre, nāvigō: *mit dem Schiff fahren* – **illum:** *Akk. Sg. m. von* **ille:** jener – **Minerva:** *Göttin der Wissenschaften und Künste* – **ut … redīrent:** damit sie … zurückkehrten – **ventus,** ī *m.:* Wind

servāre, servō: retten, bewahren

sacerdōs, sacerdōtis *m.:* Priester

anguis, anguis *m.:* Schlange
flūctus, ūs *m.:* Fluten – **apparēre,** appareō: auftauchen

ōmen, ōminis *n.:* (böses) Vorzeichen – **affēcit:** *Perf. zu* afficere

vīnum, ī: Wein

somnoque se dederunt,

somnus, ī: Schlaf

Ulixes et socii ex equo exierunt

urbemque expugnaverunt et incenderunt.

11.2 Ordne die (steil gedruckten) Ausdrücke bzw. Gliedsätze aus dem Kasten in die Tabelle ein.

quamquam Aeneas maestus erat – si id verum est – quamquam vita Spartae dura est – ut dicunt – usque ad noctem – numquam – eo tempore – post interitum Troiae – postquam Troiani multa pericula virtute superaverunt – ubi primum Dido de interitu Troiae audivit – *Nucerini,* quod valde irati sunt, *lapides iaciunt* – Nucerini verbis Pompeianorum *irati sunt* – *tu mihi* odio *es* – postquam Aeneas Carthaginem reliquit

Carthāgō, inis *f.*: *Stadt in Nordafrika* – **Nūcerīnī,** ōrum *m.*: Nuceriner *(Einwohner von Nūceria)* – **lapis,** idis *m.*: Stein – **Pompēiānī,** ōrum *m.*: Pompejaner *(Einwohner von Pompeji)*

Semantische Funktionen

temporal	kausal	konzessiv	konditional	komparativ	final

11.3 Die Vielfalt der Deklinationen ist oft verwirrend; das Wichtigste ist es, die Endungen deuten zu können.

a)   Die Endung -us deutet auf

____- Deklination, _____ (Kasus/Numerus), z.B. dominus, servus, amicus;

aber es kann sich auch handeln um:

____- Deklination, _____ (Kasus/Numerus), z.B. tempus, vulnus, corpus;

oder es kann sich handeln um:

____- Deklination, _____ (Kasus/Numerus), z.B. metus, manus.

b)   Die Endung -a deutet auf

____- Deklination, _____ (Kasus/Numerus), z.B. domina, ancilla, amica;

aber es kann sich auch handeln um:

____- Deklination, _____ (Kasus/Numerus), z.B. verba, pericula;

oder es kann sich handeln um:

____- Deklination, _____ (Kasus/Numerus), z.B. tempora, vulnera, corpora.

c)   Die Endung -e deutet auf

____- Deklination, _____ (Kasus/Numerus), z.B. labore, gladiatore, terrore;

aber es kann sich auch handeln um:

____- Deklination, _____ (Kasus/Numerus), z.B. re, die, spe;

oder es kann sich handeln um:

____- Deklination, _____ (Kasus/Numerus), z.B. domine, serve, amice.

d)   Die Endung -ibus deutet auf

____- Deklination, _____ (Kasus/Numerus), z.B. laboribus, vulneribus, senatoribus;

aber es kann sich auch handeln um:

___- Deklination, _____ (Kasus/Numerus), z.B. fluctibus, metibus, manibus.

e)   Die Endung -u deutet auf

___- Deklination, _____ (Kasus/Numerus), z.B. metu, fluctu, manu.

f)   Die Endung -i deutet auf

___- Deklination, _____ (Kasus/Numerus), z.B. domini, servi, amici.

aber es kann sich auch handeln um:

___- Deklination, _____ (Kasus/Numerus), z.B. terrori, vulneri, labori.

g)   Die Endung -o deutet auf

___ - Deklination, _____ (Kasus/Numerus), z.B. domino, amico, servo.

h)   Die Endung -is deutet auf

___- Deklination, _____ (Kasus/Numerus), z.B. dominis, servis, amicis.

aber es kann sich auch handeln um:

___- Deklination, _____ (Kasus/Numerus), z.B. laboris, vulneris, terroris.

i)   Die Endung -um deutet auf

___- Deklination, _____ (Kasus/Numerus), z.B. dominum, servum, amicum.

aber es kann sich auch handeln um:

___ - Deklination, _____ (Kasus/Numerus), z.B. tectum, periculum;

oder es kann sich handeln um:

___- Deklination, _____ (Kasus/Numerus), z.B. laborum, vulnerum, terrorum.

Lektion 12

12.1 Übersetze.

Lucretia

Die Geschichte spielt zur Regierungszeit des siebten römischen Königs, Tarquinius Superbus (Tarquinius der Hochmütige).

Aliquando inter iuvenes regios, dum apud amicum cenant,

controversia de uxoribus eorum orta est: »Cui est optima?«

Cuncti uxores suas valde laudabant.

Tandem Lucius Tarquinius dixit: »Brevi scire potestis

5 Lucretiam meam uxores vestras longe superare.

Domum igitur abite et videte, quid mulieres agant!«

Iuvenes regii, ut Lucius iusserat, statim domum abierunt –

et viderunt, quod ille eis praedixerat.

Dum uxores ceterorum in convivio sunt,

10 Lucretia, uxor Lucii, quae usque ad noctem laboraverat,

domi erat et cum ancillis vestem texebat.

Itaque iuvenes regii consenserunt

illam virtutibus ceteras uxores superavisse.

Sextus Tarquinius, unus ex iuvenibus regiis,

15 qui illi controversiae interfuerat,

paucis diebus post in domum Lucretiae rediit,

quod Lucium, coniugem eius, abisse sciebat.

Lucretia enim ei maxime placuerat

et secum illam cum uxore sua comparaverat:

20 »Haec vinum amat, illa laborem;

huic animus levis est, illi prudentia … «

Lucretia autem Sextum Tarquinium benigne accepit

et post cenam eum in hospitale cubiculum duxit.

iuvenis rēgius, iuvenis rēgiī *m.*: königlicher Prinz
orta est: brach aus – **cui?:** *Dat. von* quis? – **optimus,** a, um: bester

Lūcius Tarquinius, Lūciī Tarquiniī *m.: Eigenname* – **brevī** *Adv.*: in Kürze – **Lucrētia,** ae *f.: Eigenname* – **longē** *Adv.*: bei weitem
agant: sie tun

statim *Adv.*: sofort

praedīcere, praedīcō, praedīxī: vorhersagen
cēterī, cēterae, cētera *Pl.*: die Übrigen, die anderen – **convīvium,** ī *n.*: Gastmahl, Gelage – **ūsque ad:** bis zu
vestis, is *f.*: Kleid – **texere,** texō: weben

Sextus Tarquinius, Sextī Tarquiniī *m.: Eigenname*

comparāre, comparō: vergleichen

vīnum, ī *n.*: Wein

levis *Nom. Sg. m.*: leichtfertig

benīgnē *Adv.*: freundlich

(hospitāle) cubiculum, (hospitālis) cubiculī *n.*: (Gast-)Zimmer
dūcere, dūcō, dūxī: führen

Multa nocte Sextus cum gladio

25   cubiculum Lucretiae clam intravit,

amorem fassus est, oravit, minas addidit.

Tandem

– quod amorem eius iterum atque iterum denegaverat –

eam vi stupravit.

30   Quae postridie coniugem advocavit,

eum de isto stupro certiorem fecit

et ante oculos eius mortem sibi conscivit.

Romani, postquam audiverunt

flagitium Sexti Tarquinii causam esse mortis Lucretiae,

35   non solum eum,

sed etiam Tarquinium Superbum regem, patrem eius,

exilio affecerunt.

multus, a, um: *hier:* tief

clam *Adv.*: heimlich

fassus est: er gestand – **minae,** minārum *f.*: Drohungen

dēnegāre, dēnegō: zurückweisen

vī stuprāre, stuprō: vergewaltigen

advocāre, advocō: *Erschließe die Bedeutung aus* ad + vocāre
stuprum, ī *n.*: Vergewaltigung
certiōrem facere dē: informieren über – **mortem sibi cōnscīvit:** sie nahm sich das Leben

flāgitium, ī *n.*: Verbrechen

exilium, ī *n.*: Verbannung

12.2 Verwandle.

a) facio → Perfekt → 2. Person → Plusquamperfekt → Plural → Imperfekt → 3. Person → Singular → Präsens → 1. Person.

_____

_____

b) dico → Plural → 3. Person → Imperfekt → Perfekt → 2. Person → Plusquamperfekt → 1. Person → Singular → Präsens.

_____

_____

c) incipio → 2. Person → Plusquamperfekt → Plural → Perfekt → 1. Person → Imperfekt → Präsens → Singular.

_____

d) condo → 2. Person → 3. Person → Plural → Perfekt → Imperfekt → Plusquamperfekt → Präsens → Singular → 1. Person.

e) transeo → Plural → 2. Person → 3. Person → Imperfekt → Singular → 2. Person → 1. Person → Perfekt → 2. Person → 3. Person → Plural → Plusquamperfekt → 2. Person → 1. Person → Singular → Präsens.

12.3 Übersetze.

haec dicere – ille venit, hic abit – istum vituperare – illud verum non est – hoc loco – illis temporibus – hoc modo – his verbis – illi, qui – illa, quae.

Lektion 13

13.1 Übersetze.

Menenius Agrippa

Olim res publica Romana

controversia civium magno in periculo erat.

Nam patriciis agri cuncti erant,

plebi autem, quae aere alieno vexabatur, spes nulla erat.

5 Itaque plebi Romam relinquere placuit.

Viri armati cum feminis liberisque

in monte proximo castra posuerunt.

Patricii, quod ea re maxime terrebantur, consuluerunt:

»Maximo sumus in periculo,

10 nam urbs sine militibus plebeiis defendi non potest.«

Itaque patricii nonnullos senatores

in castra plebeiorum mitti iusserunt.

Unus ex iis, Menenius Agrippa, hanc fabulam narravit:

»Aliquando membra corporis laborare

15 et ventri cibum apportare desierunt:

‚Iste venter labore nostro alitur,

semper bene vivit, numquam ipse laborat.

Si servi eius esse desinimus,

si ipse fame sitique opprimitur,

20 venter laborare cogitur.‘

Ita fecerunt. Sed mox robur totius corporis minuebatur.«

Tum Menenius »Nonne videtis, cives«, inquit,

»etiam nos Romanos, quasi unum corpus,

sine concordia cunctorum membrorum valere non posse?

25 Concordia civium fundamentum est rei publicae!«

Ea oratione plebs Romana commovetur et in urbem redit.

Menēnius Agrippa: *Eigenname*

ōlim *Adv.*: einst

patricius, ī *m.*: Patrizier

aes aliēnum, aeris aliēnī *n.*: Schulden – **vexāre:** quälen – **nūllus,** a, um: kein
Rōma, ae *f.*: Rom

armātus, a, um: bewaffnet

proximus, a, um: (sehr) nahe
castra (pōnere, pōnō): ein Lager (aufschlagen)

plēbēius, ī *m. bzw.* a, um: Plebejer; plebejisch

membrum, ī *n.*: Glied

venter, ventris *m.*: Magen

alere, alō: ernähren

tōtīus: *Gen. Sg. n. von* tōtus, a, um
minuere, minuō: schwächen

quasi *Adv.*: gleichsam, wie

concordia, ae *f.*: Eintracht
membrum, ī *n.*: Glied
fundāmentum, ī *n.*: Grundlage

13.2 Verbformen-Rätsel

H	habuistis	P	inveniebantur	T	educabantur
A	amaveratis	E	miserant	O	nescis
I	terrebamini	D	cupiebamus	V	emo
O	adoro	N	habitaveratis	A	fecerunt
E	erravi	P	colebatur	E	dicebantur
U	permittebatur	G	dicebam	U	leguntur
V	habetur	I	trahebamur	A	timueras
N	licet	S	redeo	S	scribitur
Q	consentire	N	erratur	S	occiderat
E	amaris	E	ignoraveram	L	scribebamus
T	mittimus	R	accepit	R	expugnabatur

a) Suche alle Imperfekt-Passiv-Formen heraus. Die Buchstaben ergeben den Namen eines Gottes.

_____

b) Suche alle Präsens-Passiv-Formen heraus. Die Buchstaben ergeben den Namen einer Göttin.

_____

c) Suche alle Perfekt-Aktiv-Formen heraus. Die Buchstaben ergeben ergeben den Namen einer Göttin.

_____

d) Suche alle Plusquamperfekt-Formen heraus. Die Buchstaben ergeben den Namen eines Sterblichen.

_____

Lektion 14

14.1 Übersetze.

De Gaio Mucio Scaevola

Tarquinius Superbus rex, postquam cum suis exilio affectus est,

auxilium a Porsenna, rege Etruscorum, petivit.

Ille magnis copiis Romam oppugnabat,

sed urbem expugnare non potuit.

5 Itaque Porsenna iussit

urbem frumento totoque commeatu intercludi.

Putavit enim

eo modo cives fame coactos se dedituros esse.

Gaio autem Mucio, cuidam Romano, non placuit

10 urbem ab hostibus,

quorum copiae a militibus Romanis saepe victae erant,

obsideri.

Itaque ferro armatus castra hostium intravit.

Sed a militibus regis captus ad Porsennam tractus est.

15 Mucius »Romanus civis sum«, inquit. »Te necare volui.

Etsi a tuis captus sum, tu tamen a periculo liberatus non es.

Nam post me multi Romani sunt,

qui te necare in animo habent.«

Et Mucius dextram suam in ignem, qui in foco incensus erat,

20 posuit et, quasi dolores non sentiret, clamavit:

»Tanta audacia, tanta virtute nos Romani cum te pugnabimus!«

Quo facto Porsenna valde commotus Mucium liberum dimisit,

paulo post etiam copias suas Roma deduxit.

Gaius autem Mucius,

25 cui postea Scaevolae cognomen datum erat,

virtutis causa a Romanis magnis honoribus affectus est.

Gāius Mūcius Scaevola *m.:* *Eigenname*

Tarquinius Superbus *m.: Eigenname* – **exilium**, ī *n.:* Verbannung **Porsenna**, ae *m.: Eigenname* – **Etrūscī**, ōrum *m. Pl.:* Etrusker – **auxilium petere:** um Hilfe bitten

commeātū (*Abl.*) **interclūdere**, interclūdō: vom Nachschub abschneiden

dēditūrōs esse: *Inf. Fut. Akt. von* dēdere

ferrum, ī *n.:* Dolch – **armāre**, armō: bewaffnen – **castra**, ōrum *n. Pl.:* Lager

voluī: ich wollte

etsī: auch wenn

dextra, ae *f.:* rechte Hand – **īgnis**, is *m.:* Feuer – **focus**, ī *m.:* Opferaltar – **quasi ... nōn sentīret:** wie wenn er ... nicht fühlen würde **pūgnābimus:** wir werden kämpfen

factum, ī *n.:* Tat – **dīmīsit:** *Perf. von* dīmittere – **dēdūcere**, dēdūcō, dēdūxī: abziehen

Scaevola, ae *m.:* »Linkshand« **cōgnōmen**, cōgnōminis *n.:* Beiname

14.2 Verwandle ins Aktiv bzw. Passiv.

Aktiv	Passiv
	commissum erat
interfecit	
	gestum est
tollit	
	missus sum
perdiderat	
	coactus eras
vicit	
	consensum est
cepisti	

Aktiv	Passiv
condidit	
	permittebatur
reliqui	
	accepti sumus
credideram	
	aperiebatur
trahebamus	
	datum est
expugnant	
	visi sumus

14.3 Wiederholung der Präpositionen. Übersetze.

ad cenam vocare – apud te stare – per urbem ambulare – post multos labores – post hunc diem – de tecto – ante portas urbis – una cum multis amicis – ex urbe ire – in villam ire – in villa – a Caesare victus – inter amicos – sine te

_____

_____

_____

14.4 Folgende kleine Wörter verknüpfen oft Sätze und Gedankengänge miteinander. Ordne ihre semantische Funktion zu.

postridie	Gegensatz
nam	zeitliche Folge
itaque	Begründung
tum	zeitliche Folge
sed	Begründung
multis diebus post	logische Folge
enim	zeitliche Folge

Lektion 15

15.1 Übersetze.

De morte Caesaris

Sacrificio deis a Caesare facto

Spurinna haruspex monuerat:

»Cave periculum, cave Idus Martias!«

Caesar illo die, qui a Spurinna dictus erat,

5   in curiam ire diu dubitavit.

Tandem, quod aliquid apud senatores agere in animo habebat,

curiam intravit.

Ibi Spurinnae, qui ad portam stabat, cum risu dixit:

»Idus Martiae sine ulla mea noxa adsunt!«

10   Ille autem: »Adsunt, sed non praeterierunt.«

Postquam Caesar assedit,

nonnulli senatores appropinquaverunt

quasi officii causa.

Subito Caesar se pugionibus peti videt, clamat:

15   »Ista quidem vis est!«

Multis vulneribus acceptis

Caesar ante oculos senatorum corruit.

Corpus eius a cunctis relictum diu in curia iacebat,

tandem ab aliquibus servis domum ablatum est.

Vokabeln (rechte Spalte):

sacrificium, ī *n.:* Opfer
Spurinna, ae *m.: Eigenname –*
haruspex, haruspicis *m.:* Opferschauer – **monēre,** moneō: warnen
Īdūs Martiae, Īduum Martiārum *f.*
Pl.: Iden des März (15. März)

cūria, ae *f.:* Rathaus, Kurie
dubitāre, dubitō: zögern

rīsus, ūs *m.:* Lachen

noxa, ae *f.:* Schaden

praeterīre, praetereo, praeteriī:
vorübergehen
assīdere, assīdō, assēdī: sich setzen

officium, ī *n.:* Ehrerbietung

pūgiō, pūgiōnis *m.:* Dolch
petere, petō: *hier:* angreifen
vīs: *Nom. Sg. f.:* Gewalt

corruere, corruō, corruī:
zusammenbrechen
iacēre, iaceō: liegen

15.2 Übersetze folgende ablativi absoluti.

a) his rebus relatis – signis ablatis – bello gesto – urbe obsessa – copiis reductis – villa vendita
– fame depulsa – liberis bene educatis – agro culto – his rebus finitis – urbe condita –
Carthagine relicta – victoria celebrata

b) Troia dolo Ulixis expugnata – hostibus a nostris deceptis – Carthagine multis bellis victa –

multis rebus a Paride promissis – Helena Troiam a Paride abducta.

15.3 Verwandle die Gliedsätze in ablativi absoluti.

Beispiel:

Postquam ancillae laudatae sunt → ancillis laudatis

a) Quod multi milites necati sunt   _____

b) Postquam cibus apportatus est   _____

c) Postquam Remus necatus est   _____

d) Quamquam cena ab ancillis bene parata erat   _____

e) Postquam discipuli domum missi sunt   _____

f) Quod villa a senatore visitata erat   _____

g) Quamquam multae res promissae erant   _____

15.4 Verwandle die Gliedsätze in ablativi absoluti.

Beispiel:

Postquam Atticus Lucium laudavit → Lucio ab Attico laudato

a) Postquam Atticus Quintum vituperavit   _____

b) Quod Gnaeus servos viderat   _____

c) Postquam Orpheus uxorem invenit   _____

d) Postquam Nero imperator haec audivit   _____

e) Quod Tantalus deos deceperat   _____

f) Quod Troiani equum in urbem traxerant   _____

g) Postquam Romulus urbem condidit.   _____

Lektion 16

16.1 Übersetze.

Aus der Prophezeiung des Anchises

Aeneas steigt in die Unterwelt hinab, um sich von seinem Vater Anchises die Zukunft Roms vorhersagen zu lassen. Im Folgenden spricht Anchises zu seinem Sohn:

Tibi fatum Romanorum monstrabo:

Illa Roma, quam vides,

septem montes muro circumdabit

omnibusque populis imperabit,

5   felix virtute virorum.

Hic vir est, qui tibi, ut saepe audivisti, promissus est:

Augustus Caesar tempora aurea condet,

civibus libertatem dignitatemque reddet,

imperium Romanum usque ad fines terrarum proferet.

10   Alii signa simulacraque facient,

alii causas agent,

alii caelum sideraque describent.

Tu autem, Romane, impone bellis finem

et omnibus populis da leges tuas.

15   Et memento:

Parcere subiectis et debellare superbos.

---

fātum, ī *n.*: Schicksal

septem: sieben – **mūrus,** ī *m.*: Mauer – **circumdare,** circumdō: umgeben – **imperāre,** imperō *m. Dat.*: herrschen über

Augustus Caesar, Augustī Caesaris *m.*: Kaiser Augustus
aureus, a, um: golden

imperium, ī: Reich, Herrschaft
ūsque ad: bis zu
prōferre, prōferō: ausdehnen

causa, ae *f.*: Prozess

sīdus, sīderis *n.*: Gestirn
dēscrībere, dēscrībō: beschreiben

mementō: denke daran
parcere, parcō alicui: jdn. (ver)schonen – **subiectus,** a, um: unterworfen – **dēbellāre,** dēbellō: bekriegen – **superbus,** a, um: stolz, hochmütig

16.2 Bilde Formenreihen. Verwandle die Formen nacheinander ins Futur, Imperfekt, Perfekt und Plusquamperfekt.

Beispiel: laudamus → laudabimus, laudabamus, laudavimus, laudaveramus

a) certat _____

b) faciunt _____

c) offers _____

d) finio _____

e) committit _____

f) tollitis _____

g) opprimit _____

h) depellunt _____

i) educaris _____

j) habitatis _____

k) aedificatur _____

l) detineris _____

m) relinquit _____

n) aperimus _____

o) oppugnatur _____

16.3 Ergänze aus dem Vorrat im Kasten die passenden Endungen.

proelia acr_____ – vita difficil_____ – rebus necessari_____ – brev_____ tempora –

ali_____ modo – omn_____ bona – servos omn_____ – siti acr_____ – ancillas omn_____ –

numerum ingent_____ – omn_____ curis – cum hominibus divit_____ – homines felic_____

– homini improb_____ – sedes vestr_____ – dolores acr_____ – scelus nefari_____

| -ibus; -o; -i; -ia; -es; -o; -is; -es; -ibus; -es; -a; -um; -ia; -es; -as; -ae; -is; -em; -i; -ia |

Lektion 17

17.1 Übersetze.

Aus der Bergpredigt

Jesus spricht zu seinen Jüngern:

Vos estis lux mundi …

Homines non accendunt lucernam

et ponunt eam sub modio, sed super candelabrum,

ut luceat omnibus, qui in domo sunt.

5 Sic luceat lux vestra coram hominibus,

ut videant opera vestra bona

et glorificent patrem vestrum, qui in caelis est.

Audivistis, quia dictum est:

Diliges proximum tuum et odio habebis inimicum.

10 Ego autem dico vobis:

Diligite inimicos vestros,

benefacite his, quibus odio estis,

ut sitis filii patris vestri,

qui in caelis est.

15 Sic ergo vos orabitis:

Pater noster, qui es in caelis:

Sanctificetur nomen tuum.

Adveniat regnum tuum.

Fiat voluntas tua,

20 sicut in caelo et in terra.

Panem nostrum supersubstantialem da nobis hodie.

Et dimitte nobis debita nostra,

sicut et nos dimittimus debitoribus nostris.

Et ne nos inducas in tentationem,

25 sed libera nos a malo. Amen.

---

lucerna, ae *f.*: (Öl-)Lampe
sub *m. Abl.*: unter – **modius,** ī *m.*: Scheffel *(Gefäß zum Abmessen von Getreide)* – **super** *m. Akk.*: *hier*: auf
candēlābrum, ī *n.*: Leuchter
lūcēre, lūceō: leuchten
sīc(ut) *Adv.*: so (wie) – **cōram** *m. Abl.*: vor

glōrificāre, glōrificō: preisen

quia: *hier*: dass
proximus, ī *m.*: nächster, der Nächste – **inimīcus,** ī *m.*: Feind

benefacere, benefaciō: *Erschließe die Bedeutung aus* bene + facere

ergō *Adv.*: also

sānctificāre, sānctificō: heiligen

fiat: es geschehe – **voluntās,** voluntātis *f.*: Wille

pānis supersubstantiālis, pānis supersubstantiālis *m.*: zum Leben notwendiges Brot

dēbitor, ōris *m.*: Schuldner

indūcere, indūcō: *Erschließe die Bedeutung aus* in + dūcere
tentātiō, ōnis *f.*: Versuchung
āmēn: so möge es geschehen

17.2 Setze jeweils den richtigen Vokal ein, sodass Konjunktiv-Formen entstehen.
(12-mal »a«, 3-mal »e«, 3-mal »i«)

s__s – capi__t – audi__ntur – ag__mus – vide__s – labor__tis – poss__t – capi__tur –

veni__m – caed__m – debe__tis – am__ris – s__nt – accipi__mus – conveni__tis – dilig__ris

– time__t – advol__nt.

17.3 Übersetze folgende Wünsche und Befürchtungen.

a) Utinam valeas. _____ Opto, ut valeas. _____

b) Utinam ne amici hodie veniant. _____

c) Opto, ut homines securi in hac re publica vivere possint.

_____

d) Timeo, ne caelum mihi in caput cadat. _____

e) Utinam ne caelum mihi in caput cadat. _____

f) Timeo, ut multi homines vita sua contenti sint.

_____

g) Opto, ne liberi huius mundi fame sitique laborent.

_____

cadere, cadō: fallen

17.4 Tantalus soll von seinen Unterweltserfahrungen berichten und erzählen, wovor er Angst hat. Völlig entkräftet stammelt er und kann seine Ängste nur noch mit Infinitiven statt mit konjugierten Formen ausdrücken. Hilf ihm und bilde richtige Sätze.

Beispiel:
Timeo (fame atque siti vexari): Timeo, ne fame atque siti vexer.

Timeo,

(saxum me necare) _____

(Cerberus me capere) _____

(dei me numquam doloribus liberare) _____

(numquam conviviis deorum interesse) _____

(pater Iuppiter me non iam amare) _____

(a deis numquam invitari) _____

saxum, i *n.*: Fels – **Cerberus,** i *m.*: *dreiköpfiger Höllenhund, der den Eingang in die Unterwelt bewacht* – **convivium,** i *n.*: Gastmahl

17.5 Kleine, schwer zu merkende qu-Wörter – kennst du noch alle? Ordne zu.

quid?	zwar, wenigstens
quantus?	und
quidem	weil
quam	wie viele?
-que	wer?
quidam	wie groß?
quis?	ja sogar
quomodo?	gleichsam
quod	wie
quin etiam	was?
quasi	obwohl
quot?	jemand
quamquam	auf welche Weise?

Lektion 18

18.1 Übersetze.

De Antigona

König Ödipus von Theben hatte vier Kinder: die Söhne Eteokles und Polyneikes und die Töchter Antigone und Ismene. Nach seinem Tod beschlossen seine Söhne, sich die Herrschaft zu teilen und abwechselnd jeweils ein Jahr zu regieren.

Sed Eteocles tempore suo peracto fratri regnum non cesserat.

Itaque Polynices magnis copiis Thebas oppugnavit.

Postquam fratres alius alium ante muros urbis interfecerunt,

Creon, novus rex Thebanorum, edixit:

5 »Sepulcri honore alter fratrum afficiatur, Eteocles,

quod defendit urbem.

Sed alterum, Polynicem, quod Thebas oppugnavit,

Thebani relinquant insepultum!

Corpus istius hominis praedae sit saevis bestiis!

10 Cives autem iram meam timeant:

Is enim, qui legem ruperit meam, necetur!«

Antigona, soror illorum, cum Ismene sorore deliberat:

»O Ismene, quid faciamus?

Cur Creon tam improbus est, ut vetet, quod dei velint?

15 Dei enim postulant, ut omnes mortui sepeliantur.«

Ismene: »Timeo autem iram Creontis.

Iste tam saevus est, ut nos capitis damnare non dubitet.

Praestat praeceptis regis parere.«

Antigona: »Deorum praeceptis si pareo, dei mihi aderunt.

20 Si tu ignava es, ego sola faciam id, quod deis placet.

Nunc frater sepeliatur mea manu!«

Corpore Polynicis sepulto

Antigona a milite Creontis capta

in carcerem ducitur, ubi mortem sibi consciscit.

perāctus, a, um: *Partizip der Vorzeitigkeit Passiv von* **peragere,** perago: vollenden, erfüllen – **cēdere,** cēdō, cessī: *hier:* überlassen
mūrus, ī *m.:* Mauer

Creōn, Creontis *m.: Eigenname*
ēdīcere, ēdīcō, ēdīxī: befehlen
sepulcrum, ī *n.:* Grab

īnsepultus, a, um: unbestattet

praeda, ae *f.:* Beute

rūperit: *hier:* er bricht

soror, sorōris *f.:* Schwester

vetāre, vetō: verbieten – **velint:** sie wollen
mortuus, a, um: tot, gestorben
sepelīre, sepeliō, sepelīvī, sepultum: bestatten

dubitāre, dubitō: zögern

īgnāvus, a, um: feige

carcer, carceris *m.:* Kerker
cōnscīscere, cōnscīscō: zufügen

18.2 Zu welchen Personen der griechisch-römischen Mythologie passen folgende Aussagen? Ordne zu.

E Tartaro exeamus et lucem solis videamus!	Dis et Proserpina
Cur Iovem timeam?	Helena
Cur tecum Troiam abeam?	Remus
Equum aedificemus, ut Troianos decipiamus!	Orpheus
Cur vos e Tartaro exire permittamus?	Menelaus
Cur non Helenam dolo rapiam?	Romulus et Remus
Ne amori virorum credamus!	Ulixes
Tecum in Africa maneamus, ut urbem novam aedificemus!	Romulus et Remus
Urbem novam condamus!	Aithra et Helena
Cur finem a te factum non transeam?	Aeneas
Equum in mare trahamus, ne a Graecis decipiamur!	Tantalus
Deos interrogemus, ut consilia eorum cognoscamus!	Aeneas
Carthaginem relinquamus, ut dei iusserunt!	Paris
Domum redeamus, mea Helena!	Cassandra

Tartarus, ī *m.: Strafort in der Unterwelt*

18.3 In der römischen Philosophie werden vielfach Begriffe einander gegenübergestellt. Ordne zu.

bonum	aliena
aequus animus	facere
mors	cura
sua	malum
dicere	animus
corpus	vita

Lektion 19

19.1 Übersetze.

De Theseo et Ariadna

Minos war ein mächtiger König von Kreta. Die Sage erzählt, dass er einmal gegen Athen Krieg führte, weil einer seiner Söhne in Athen ermordet worden war. Der König von Athen, Aegeus, musste beim Friedensschluss einwilligen, dass die Athener von nun an jährlich sieben Jungen und sieben Mädchen als Tribut nach Kreta senden würden. Dort wurden sie von Minotaurus, einem Ungeheuer mit Stierkopf auf einem menschlichen Körper, das in einem Labyrinth hauste, verschlungen. Das Schiff, das die Opfer nach Kreta brachte, segelte zum Zeichen der Trauer mit schwarzen Segeln.

	Theseus, filius regis Atheniensium,	**Thēseus,** Thēseī *m.: Eigenname*
	ubi civitatem tanta calamitate affici vidit,	**calamitās,** calamitātis *f.*: Unglück
	se ipsum cum illis liberis miseris	
	ad Minotaurum iturum promisit,	
5	ut cum bestia pugnaret.	
	Putavit enim	
	esse regis futuri populum ab omnibus periculis defendere.	**futūrus,** a, um: zukünftig
	Quem Aegeus pater cum mitteret, imperavit ei,	**imperāre,** imperō: befehlen
	ut – Minotauro victo – vela candida in nave haberet.	**vēlum,** ī *n.*: Segel – **candidus,** a, um: weiß
10	Theseus, postquam in Cretam venit,	
	ab Ariadna, Minois filia, adamatus	**Ariadna,** ae *f.: Eigenname* – **ad-amāre,** adamō: lieb gewinnen
	promisit se eam in matrimonium ducturum,	
	si Minotaurum vicisset.	**sī vīcisset:** wenn er besiegt hätte
	Tum in labyrinthum missus monstrum illud necavit	**labyrinthus,** ī *m.*: Labyrinth **mōnstrum,** ī *n.*: Ungeheuer
15	et auxilio Ariadnae servatus est.	
	Illa enim ei licium dederat, quod Theseus revolvit,	**līcium,** ī *n.*: Faden *(zum Knäuel aufgewickelt)* – **revolvit:** er wickelte (wieder) auf – **exitus,** ūs *m.*: Ausgang
	ut exitum labyrinthi inveniret.	
	Tum, ut promiserat, cum Ariadna Cretam reliquit.	
	Postea autem cogitavit sibi opprobrio futurum esse,	**opprobrium,** ī *n.*: Vorwurf
20	si Ariadnam, filiam regis hostium, uxorem in patriam duceret.	**dūceret:** er würde führen
	Itaque in insula quadam Ariadnam reliquit	**īnsula,** ae *f.*: Insel

et solus Athenas navigavit.

Sed cum vela atra mutare oblitus esset,

Aegeus pater

25 Theseum a Minotauro interfectum esse credidit

et in mare se praecipitavit.

Ex quo illud Aegeum mare est dictum.

Athēnae, ārum *f.*: Athen
nāvigāre, nāvigō: segeln
āter, ātra, ātrum: schwarz – **mūtā-
re,** mūtō: wechseln – **oblītus esset:**
er hatte vergessen

mare, maris *n.*: Meer – **praecipi-
tāre,** praecipitō: stürzen
Aegaeus, a, um: ägäisch

19.2 Wiederholung der Subjunktionen. Ordne zu.

A	quod	1	sobald
B	cum + Ind.	2	obwohl
C	ubi (primum)	3	weil
D	ne	4	als
E	quamquam	5	dass
F	postquam	6	nachdem
G	nisi	7	als plötzlich
H	ut + Ind.	8	sodass nicht
I	dum	9	obwohl
J	ut non	10	dass nicht
K	cum + Konj.	11	(immer) wenn
L	si	12	als
M	ut + Konj.	13	weil
		14	solange
		15	sodass
		16	wie
		17	während
		18	damit
		19	wenn
		20	damit nicht
		21	wenn nicht

19.3 Führe auf die lexikalische Form zurück.

gigneret _____

sollicitaret _____

iret _____

esset _____

daret _____

debeat _____

consistat _____

incitat _____

impleat _____

damnat _____

doceat _____

audiat _____

horas _____

accedas _____

stas _____

voluptas _____

nullas _____

praeficias _____

dignas _____

nuberem _____

rem _____

artem _____

sermonem _____

ducem _____

mortem _____

voluptatem _____

quietem _____

sapientem _____

inscriberem _____

sollicitem _____

diem _____

quem _____

legem _____

brevem _____

omnem _____

referremur _____

excitemur _____

expelleremur _____

desereremur _____

docemur _____

19.4 Auch von den Römern sind uns Graffiti überliefert – wie diese aus Pompeji (zitiert nach Weber, Decius war hier – Das Beste aus der römischen Graffiti-Szene, Zürich/Düsseldorf ²2000.)

1.   Minximus in lecto, peccavimus, hospes. Si dices: Quare? Nulla matella fuit.
2.   Epaphra, glaber es.
3.   Marcus Spendusam amat.
4.   Cornelia Helena ab Rufo amatur.
5.   Feliclam amat, Feliclam amat, Feliclam amat.
6.   Qui amat, valeat! Pereat, qui nescit amare.

mingere, mingō, mīnxī, mīnctum: pissen – **peccāre,** peccō: eine Verfehlung begehen – **hospes,** hospitis *m.: hier:* Wirt – **matella,** ae *f.*: Nachttopf – **glaber,** glabrī *m.*: Glatzkopf – **perīre:** zugrunde gehen

Lektion 20

20.1 Übersetze.

Socrates

Socrates, cum a quodam iuvene interrogatus esset:

»Quid faciam? Uxoremne in matrimonium ducam

an praestat matrimonio abstinere?«

respondit: »Si uxorem in matrimonium duxeris, te paenitebit.

5 Nam si uxorem haberes, tibi semper molestiae essent:

Si cum amicis cenavisses et sero domum venisses,

illa te vituperaret.

Si tibi liberi essent, numquam tutus esses a curis.

Adde garrula lingua socrus

10 et cognosces matrimonium tibi gaudio non futurum esse.«

Iuvenis: »Praestat ergo matrimonio abstinere …«

Socrates: »Non dixi.

Nam si uxorem in matrimonium non duxeris, te etiam paenitebit.

Si sine coniuge viveres, nemo tibi adesset, cum aegrotus esses.

15 Si tibi liberi non essent, multis gaudiis privatus esses,

interitus generi tuo immineret, heredem alienum haberes.

Adde solitudinem

et censebis uxore tibi opus esse.«

Iuvenis: »Tace, o Socrates! Quid faciam?

20 Nescio. Utinam tacuisses!«

Socrates: »Nisi me interrogavisses, tacuissem!«

Sōcratēs, is *m.*: griech. *Philosoph (469-399 v.Chr.)*

interrogāre: fragen

abstinēre, abstineō *m. Abl.*: sich enthalten
dūxeris: *hier*: du führst – **mē**
paenitet: es reut mich, ich bereue
molestia, ae *f.*: Ärger

tūtus, a, um: sicher, geschützt

garrulus, a, um: geschwätzig – **lingua,** ae *f.*: Zunge – **socrus,** ūs *f.*: Schwiegermutter

aegrōtus, a, um: krank

prīvātus, a, um: *hier*: beraubt

imminēre: bevorstehen – **hērēs,** hērēdis *m.*: Erbe
sōlitūdō, sōlitūdinis *f.*: Einsamkeit

20.2 Wenn das Wörtchen »wenn« nicht wär' ... Übersetze.

a)   Si hoc verum esset _____

b)   Nisi id timerem _____

c)   Si pater viveret _____

d) Si ei credere possem _____

e) Si id mihi placeret _____

f) Si vicini venissent _____

g) Si domi manerem _____

h) Si urbem defendissemus _____

i) Si hoc adderetur _____

j) Nisi hominem nefarium accusaremus _____

k) Si servus cibum afferret _____

l) Si villam aedificaremus _____

m) Si bellum finiretur _____

n) Nisi Aeneas Didonem reliquisset _____

20.3 Was wäre geschehen, wenn ... Ordne passende Satzhälften einander zu und übersetze.

A)	Nisi Paris Helenam rapuisset,	a)	Helena Troiae vixisset.
B)	Si Priamus rex Paridem retinuisset,	b)	Paris Spartam non venisset.
C)	Nisi Helena Paridem amavisset,	c)	Graeci bellum non gessissent.
D)	Si Menelaus Spartae mansisset,	d)	non cum eo Troiam venisset.

_____

_____

_____

_____

20.4 Stelle folgende Sätze schematisch nach der Einrückmethode dar (vgl. Textband S. 122 bzw. 134).

a) Heri, cum per forum ambularem, philosophus quidam me salutavit.

b) Heri, cum per forum ambularem, ut nonnullas res emerem, philosophus quidam, qui semper de natura rerum disputare cupit, me salutavit.

natūra, ae *f.*: Natur

Lektion 21

21.1 Übersetze.

Die Witwe von Ephesus

Mulier quaedam dilectum maritum amiserat

et sarcophago corpus eius condiderat.

Sine quo cum nullo modo esse posset

et in sepulcro vitam degeret,

5 omnibus admirationi erat.

Tum forte latro quidam capitis damnatus

a carnificibus loco,

qui non longe a sepulcro distabat,

cruci affixus est.

10 Et positus est miles,

qui custodiret, ne corpus de cruce tolleretur.

Aliquando ille siti vexatus

mulieri appropinquavit interrogavitque

ubi aquam invenire posset.

15 Cum feminam aegrotam, sed adhuc pulchram vidisset,

amore eius incensus est.

Etiam miles mulieri placuit …

Quo ex tempore

ille mulierem saepe in sepulcro visitabat

20 custodiamque neglegebat.

Ita factum est,

ut corpus cruci affixum

ab amicis latronis clam sublatum sit.

Qua re cognita miles uxori dixit:

25 »Nescio, quid faciam. Timeo enim, ne puniar.«

Mulier autem: »Non est, cur timeas.

āmittere: verlieren

sarcophagus, ī *m.*: Sarg
condere: *hier*: legen
nūllō modō: überhaupt nicht

sepulcrum, ī *n.*: Grab, Gruft
dēgere, dēgō: verbringen

forte *Adv.*: zufällig
latrō, latrōnis *m.*: Räuber
carnifex, carnificis *m.*: Henker

crux, crucis *f.*: Kreuz
crucī affigere, affigō, affixī,
affixum: ans Kreuz schlagen

aegrōtus, a, um: *hier*: verhärmt
adhūc *Adv.*: noch

ex *m. Abl.*: *hier*: seit

cūstōdia, ae *f.*: Wache

factum est: es geschah

clam *Adv.*: heimlich

pūnīre, pūniō: bestrafen

nōn est: *hier*: es gibt keinen Grund

Dabo tibi corpus mariti,

ut id loco latronis cruci affigas.«

Postridie populus miratus est,

30 quomodo maritus isset in crucem.

Hac fabula Phaedrus poeta,

ut ipse dixit, monstrare voluit,

quanta inconstantia essent mulieres.

locō *m. Gen.*: anstelle von

mīrātus est: er wunderte sich

Phaedrus, ī *m.: röm. Dichter (1. Jh. n.Chr.) –* **poēta,** ae *m.*: Dichter
voluit: er wollte
incōnstantia, ae *f.*: Unbeständigkeit

21.2 Stelle folgende Sätze schematisch nach der Einrückmethode dar (vgl. Textband S. 122 bzw. 134).

a)

1. Orpheo dei hanc artem dederant, ut carminibus et homines et bestias et saxa delectaret.

2. Orpheo, qui in Thracia vivebat, dei hanc artem dederant, ut carminibus, quae lyra canebat,

et homines et bestias et saxa delectaret.

3. Orpheo, qui in Thracia vivebat, dei hanc artem dederant, ut carminibus, quae lyra canebat,

et homines et bestias et saxa delectaret, ut gauderent, dolerent, riderent, flerent ut homines.

Orpheus, ī *m.: (mythischer) Sänger und Dichter –* **carmen,** inis *n.*: Lied – **saxum,** ī *n.*: Fels – **Thracia,** ae *f.*: Thrakien – **lyrā canere:** zur Harfe singen

b)

1. Quod Eurydica morsu serpentis necata est, Orpheus graviter doluit.

2. Quod Eurydica, dum cum amicis per prata ambulat, morsu serpentis necata est, Orpheus

tam graviter doluit, ut iterum atque iterum deos interrogaret, quis eorum tanta crudelitate

esset et qua de causa dei semper homines vexarent.

Eurydica, ae *f.: Frau des Orpheus –* **morsū serpentis:** durch einen Schlangenbiss – **graviter:** schwer – **prātum,** ī *n.*: Wiese

c)

Orpheus, postquam ad portam Taenariam iit, carminibus Cerberum, qui vigilabat ad portam,

ita mitigavit, ut virum fortem ad umbras descendere permitteret.

Orpheus, ī *m.: (mythischer) Sänger und Dichter –* **porta Taenaria,** portae Taenariae *f.*: tänarisches Tor *(Tor der Unterwelt) –* **carmen,** inis *n.*: Lied – **Cerberus,** ī *m.*: dreiköpfiger Höllenhund, der den Eingang in die Unterwelt bewacht – **vigilāre:** wachen – **mītigāre:** besänftigen – **dēscendere:** hinabsteigen

21.3 Mit deinen Lateinkenntnissen kannst du die Bedeutung vieler englischer, französischer, italienischer und spanischer Wörter erschließen. Von welchem lateinischen Wort sind folgende Wörter jeweils abzuleiten und was bedeuten sie?

Englisch	Französisch	Italienisch	Spanisch	Lateinisch	Deutsch
number	le nombre	il numero	el número		
arms	l'arme	l'arma	el arma		
glory	la gloire	la gloria	la gloria		
faith	la foi	la fede	la fe		
-	tu aimes	ami	amas		
you have	tu as	hai	has		
-	écrire	scrivere	escribir		
to commit	commettre	commettere	cometer		
to respond	répondre	rispondere	responder		
to acccpt	accepter	accettare	aceptar		
to study	étudier	studiare	estudiar		
-	être	essere	ser		

Lektion 22

22.1 Übersetze.

De eruptione Vesuvii

Anno post Christum natum septuagesimo nono

eruptio Vesuvii montis multa oppida delevit.

Per multos iam dies terra saepe mota

incolas huius regionis terrebat,

5   cum nubem nigram et ingentem

in summo monte apparuisse nuntiatum est.

Tum multae tempestates secutae sunt,

quae multo vehementiores quam solitae videbantur.

Incolae, cum periculum vererentur,

10   domi manebant montem magno cum metu observantes.

Media nocte ignibus subito e monte exeuntibus

nonnulli homines tanto terrore capti sunt,

ut in fugam statim se darent.

Sed nube nigra appropinquante

15   multi cineribus de caelo cadentibus interfecti sunt.

Et qui navibus utentes per mare fugere conabantur

et qui in domibus salutem petebant,

cineribus obruti mortem horribilem obierunt.

Hac in miseria etiam Plinius, avunculus eius Plinii,

20   qui nos de ea re certiores fecit,

mortem obiit:

Cum illud »miraculum«, ut ei videbatur,

ex proximo spectare studuisset,

caligine crassa suffocatus est.

ēruptiō, ōnis *f.*: Ausbruch – **Vesuvius, ī** *m.*: *Vulkan in Kampanien*

septuāgēsimus nōnus: der 79.

incola, ae *m.*: Bewohner

nūbes, is *f.*: Wolke

nūntiāre, nūntiō: melden

multō vehementior, vehementiōris: viel heftiger

observāre, observō: beobachten

medius, a, um: mittlerer
īgnis, is *m.*: Feuer

statim *Adv.*: sofort

cinis, cineris *m.*: Asche; *Pl.*: Aschenregen – **cadere, cadō:** fallen
mare, maris *n.*: Meer – **cōnārī, cōnor:** versuchen
salūtem petere: Rettung suchen

obrutus, a, um: verschüttet – **horribilis, e:** entsetzlich

miseria, ae, *f.*: *Substantiv zu* miser
Plīnius, ī *m.*: 1. Plinius (der Ältere); *Autor einer Naturgeschichte*; 2. Plinius (der Jüngere); *Autor und Politiker* – **avunculus, ī** *m.*: Onkel
mīrāculum, ī *n.*: Wunder

ex proximō: aus nächster Nähe

cālīgō crassa, cālīginis crassae *f.*: dichter Rauch – **suffōcārī, suffōcor:** ersticken

22.2 Übersetze die Partizipialkonstruktionen auf möglichst viele Arten (Gliedsatz, Hauptsatz, präpositionaler Ausdruck) und gib ihre semantischen Funktionen an; manchmal sind verschiedene Sinnrichtungen möglich.

a) Magister cantans nos delectat.

_____

_____

_____

b) Tantalus omnia possidens deos superare cupiebat.

_____

_____

_____

c) Romani philosophos Graecos multa disputantes periculosos putabant.

_____

_____

_____

22.3 Finde jeweils die Form heraus, die nicht in die Reihe passt, und »korrigiere« sie.

1. sequor, sequeris, sequerer, secutus erat.

_____

2. sequerer, sequereris, sequeretur, sequeremus, sequeremini, sequerentur.

_____

3. vereris, verereris, veritus esses.

_____

4. veretur, vereberis, verebatur, veritus est, veritus erat.

_____

5. utetur, verebitur, sequentur, lavetur, mirabitur, venabuntur.

_____

22.4 Einige lateinische Sätze aus dem Bereich der Medizin. Was bedeuten sie? Suche die passende Erklärung heraus.

1. Medicina soror philosophiae.

    a) Der Arzt hat eine Schwester mit Namen »Sophia«.
    b) Medizin und Philosophie sind ganz eng miteinander verbunden.
    c) Medizin ist ein Teil der Philosophie.

2. Vita brevis, ars longa.

    a) Das Leben ist zu kurz, um sich in allen Bereichen der Medizin auskennen zu können.
    b) Je mehr sich die Medizin um den Patienten kümmert, desto kürzer lebt dieser.
    c) In einem kurzen Leben liegt die wahre Kunst.

3. Orandum est, ut mens sana in corpore sano sit.

    a) Wer in der Mensa isst, braucht einen gesunden Körper.
    b) Das Wichtigste ist Gesundheit an Geist *und* Körper.
    c) Sportliche und geistige Fitness schließen sich aus.

4. Medicus curat, natura sanat.

    a) Der eigentliche Arzt ist die Natur.
    b) Je mehr der Arzt herumkuriert, desto langsamer wird man gesund.
    c) Nur der Arzt kann heilen, nicht die Natur.

5. Morbus sacer

    a) ist eine Form von Darmverschluss.
    b) ist eine Krankheit, gegen die es kein Mittel gibt.
    c) ist die Epilepsie.

6. Non vivere, sed valere vita.

    a) Man soll sich nicht darum kümmern zu leben, sondern soll dem Leben »Vale« sagen.
    b) Im Leben kommt es nicht darauf an gesund zu sein.
    c) Zum richtigen Leben braucht man umfassende Gesundheit.

7. Innumerabiles morbos miraris? – Medicos numera!

    a) Je mehr Ärzte man aufsucht, desto mehr Krankheiten hat man.
    b) Weil es so viele Krankheiten gibt, gibt es auch so viele Fachärzte.
    c) Je länger die Kontonummer des Arztes, desto schneller wird der Patient gesund.

soror, ōris *f.*: Schwester – **ōrandum est**: man muss darum beten – **sānāre**: heilen – **innumerābilis**, e: unzählig

Lektion 23

23.1 Übersetze.

Aesop und der Sportler

Aliquando Aesopus sapiens victorem gymnici certaminis vidit,

qui victoriam suam maiore cum superbia iactabat.

Interrogavit eum,

an adversario maiores vires fuissent quam ei ipsi.

5 Ille respondit: »Qua de causa istud e me quaesivisti?

Num dubitas me fortiorem fuisse isto adversario?

Meas vires multo maiores fuisse constat.«

Aesopus autem:

»Qua gloria, stultissime, dignus es,

10 si fortior minus valentem vicisti?

Melius est,

si diceres te superavisse aliquem,

qui fortior viribus fuisset quam te.«

Aesōpus, ī *m.: griech. Fabeldichter (6. Jh. v.Chr.)*

victor, victōris *m.:* Sieger – **certāmen gymnicum,** certāminis gymnicī *n.:* sportlicher Wettkampf **superbia,** ae *f.:* Stolz – **iactāre,** iactō **aliquid:** *hier:* sich brüsten mit

vīrēs, vīrium *f.:* Kräfte

fortis, e: *hier:* stark

est: *hier:* es wäre

fuisset: *hier mit dem Indikativ zu übersetzen*

23.2 Nicht jedes Adjektiv passt nach KNG zu den angegebenen Substantiven. Ordne zu.

domini: sapientioris – benigniores – fidelem – severis – optimi – melioris – meliores – meliori.

_____

dea: bona – fideli – benigni – nefariam – iratis – minore – optimi – sapientissima.

_____

imagines: carae – maximas – peioris – miserae – nigri – turpissimas – exigua – meliorum.

_____

agricolae: fortis – fortes – forti – bonae – omnes – malae – mali – fidelissimae – fidelissimo.

_____

tempus: multi – peiorem – malum – malus – maximus – pessimum – pessima – pessimus.

_____

23.3 Schlüsselwörter sind Wörter, die in einem Text eine zentrale inhaltliche Funktion haben und mit deren Hilfe man seinen Inhalt erschließen kann. Für Text 1 der Lektion 23 kann man z.B. folgende Schlüsselwörter angeben:

dubito – Domine – Christianorum – deos appellavissent – imaginem tuam – nemini malo esse – superstitio – liceatne ... pergere – interrogo – dimitto – supplicium.

a) Fasse den Inhalt des Textes (auf Deutsch) anhand dieser Wörter zusammen.

_____

_____

_____

_____

_____

b) Suche dann selbst aus Text 2 Schlüsselwörter heraus und schreibe anhand dieser eine deutsche Inhaltsangabe.

_____

_____

_____

_____

_____

23.4 *fieri* ist vielfältig einsetzbar. Ordne den lateinischen Sätzen oder Satzteilen deutsche Sätze oder Redewendungen zu.

1. Id fieri potest.	A) ..., wie es meistens passiert.
2. Fiat lux, et facta est lux.	B) Von nichts kann nichts kommen.
3. Consul militibus dixit, quid fieri cuperet.	C) ..., dass ... etwas passiert.
4. ..., si fieri potest.	D) Das kann vorkommen.
5. Ex nihilo nihil fieri potest.	E) ... nach Möglichkeit.
6. ..., ut fieri solet.	F) ..., was sie tun sollten.
7. Mater timet, ne quid filio fiat.	G) Es werde Licht, und es ward Licht.

ex nihilō: von nichts – **māter,** tris *f.*: Mutter

Lektion 24

24.1 Übersetze.

Diogenes und Alexander

Aliquando Alexander, ille maximus imperator Macedonum,

venit Sinopem oppidum,

quod Diogenem philosophum videre volebat.

Ille omnibus suis rebus donatis

5   etiam poculum abiecerat,

quo aquam haurire solitus erat,

cum ad bibendum manibus uti mallet.

Diogenes autem in dolio habitans in sole sedebat,

cum Alexander apparuit.

10   Postquam philosophum salutavit,

a Diogene interrogatus est,

quae esset causa visitandi.

Alexander: »Te pauperem esse scio.

Itaque si qua re egearis,

15   tibi donare velim, quidquid rogaveris.«

Diogenes ridens:

»Noli donando me ab institutis meis abducere.

Si interrogas, quid optem:

Velim tantum, ut a sole mihi non obstes.«

Macedō, ōnis *m.:* Makedone *(Makedonien: Landschaft im Norden Griechenlands)*
Sinōpē, ēs *f.: Stadt am Schwarzen Meer*
Diogenēs, is *m.: griech. Philosoph (4. Jh. v.Chr.)*
dōnāre, dōnō: (ver)schenken

pōculum, ī *n.:* Becher – **abicere,** abiciō, abiēcī: = ab + iacere
haurīre, hauriō: schöpfen

dōlium, ī *n.:* Fass – **sedēre**: sitzen

pauper, pauperis: arm

quā = aliquā

quidquid: was auch immer
rogāveris: du wünschst

īnstitūtum, ī *n.:* Grundsatz – **abdūcere:** *Erschließe die Bedeutung aus* ab + ducere
obstāre, obstō ab aliquā rē: vor etwas stehen

24.2 Vorsicht, Verwechslungsgefahr. Bestimme folgende Formen.

malo (5) – volebat – volabat – opera (4) – mora (2) – more – morte – constat – consistit – constituit (2) – prodest – potest – video – videor (2) – iudicium (2) – iudicum – fere – ferre – vitia – vita – aeris – artis – servat – servit – certi (3) – ceteri – ora (5) – cura (3) – regna (3) – cogito – cogo.

24.3 Wir helfen den Römern beim Bau einer Rheinbrücke. Füge die Bausteine ein und übersetze.

per pontem exstructum – in exstruendo – pontem exstruendi causa –

non esse causam exstruendi – ponte exstructo – in ponte exstructo – hunc pontem

exstruendo – ad exstruendum – ut pons exstrueretur

pōns, pontis *m.*: Brücke

1. ......pontem exstruendi causa............./........um eine Brücke zu bauen ....
                    Baustein   Übersetzung

wurden Experten aus Rom herbeigerufen.

2. Einige von ihnen meinten zwar,

..../..

3. Andere jedoch empfahlen dringend,

..../..

4. Nachdem der Feldherr den Soldaten eine Belohnung versprochen hatte, waren sie freudig bereit,

..../..

5. ..../..

stießen die Römer auf technische Schwierigkeiten, die aber behoben werden konnten.

6. ..../..

zeigten die Römer den Germanen ihre Macht.

7. ..../..

war die Verbindung zu den germanischen Stämmen hergestellt.

8. ..../..

rollte dann der Verkehr.

9. ..../..

stand eine Statue des Kaisers.

Lektion 25

25.1 Übersetze.

Ein Gleichnis

Et ecce unus accedens dixit Iesu:

»Magister, quid boni faciam

ad vitam aeternam habendam?«

Qui ait ei:

5 »Si autem vis ad vitam ire,

serva mandata. […]

Honora patrem tuum et matrem tuam

et dilige proximum tuum sicut te ipsum.«

Dicit illi iuvenis:

10 »Quae haec custodivi a iuventute mea.

Quid adhuc mihi deest?«

Ait illi Iesus:

»Si vis perfectus esse, i,

vende, quae habes, et da pauperibus,

15 et habebis thesaurum in caelo.

Et veni, sequere me.«

Cum audivisset autem iuvenis verbum, abiit tristis:

Erat enim divitissimus neque paratus ad omnia vendenda.

Iesus autem dixit discipulis suis:

20 »Amen dico vobis,

quia dives difficile intrabit in regnum caelorum.

Et iterum dico vobis:

Facilius est

camelum per foramen acus transire,

25 quam divitem intrare in regnum caelorum.«

---

ecce: siehe
Iēsū: *Dat. von* **Iēsūs**

aeternus, a, um: ewig

mandātum, ī *n.*: Gebot

honōrāre, honōrō: ehren
māter, mātris *f.*: Mutter
proximus, ī *m.*: nächster, der Nächste – **sīcut** *Adv.*: wie

adhūc *Adv.*: noch

perfectus, am, um: perfekt

thēsaurus, ī *m.*: Schatz

trīstis, e: traurig

āmēn: wahrlich

quia: *hier:* dass – **difficile** = *Adv.*

camēlus, ī *m.*: Kamel – **forāmen,** forāminis **acus** *n.*: Nadelöhr

25.2 Du kennst die Formen des Partizips der Gleichzeitigkeit (des Partizips Präsens Aktiv), des Partizips der Vorzeitigkeit (des Partizips Perfekt Passiv), des Gerundiums und des Gerundivums. Ordne die Wörter und Wortverbindungen in die Spalten ein.

ignorantibus – bellis gerendis – his rebus accidentibus – cladibus illatis – iniuriam ferendo – ad placandum – imber deficiens – ad cenas parandas – id videndi – ira deorum placata – ad vitam agendam – vita bene acta – omnia custodienti – his rebus dictis – vincendi – itinere facto – punitas – flens – caedendo – advenientis

Partizip der Gleichzeitigkeit	Gerundivum	Gerundium	Partizip der Vorzeitigkeit

25.3 Viele Touristen werfen Münzen in die Brunnen Roms, vor allem in den Trevi-Brunnen. Wem gehört nach römischem Recht das Geld, das auf dem Brunnenboden liegen bleibt? Die Antwort erhälst du, wenn du die Anfangsbuchstaben aller Adverbien aneinander reihst.

per – ad – aliquid – recte – re – egregie – ascendere – vetere – leve – saepe – imbre – spe – novissime – caram – umquam – innocentiam – continentiam – iter – libenter – leviter – ius – Lucius – iustius – ubique – paupere – sapientissime – populare

Lösung: _____

Lektion 26

26.1 Übersetze.

Schüler und Lehrer

Praecipue evitandus est in pueris docendis magister aridus

non minus quam teneris adhuc plantis sicca terra.

Etiam admonendum est

ingenia puerorum nimia severitate deficere;

5   nam et desperant et dolent et, quod maxime noceat:

dum omnia timent, discere non iam student.

Quod etiam agricolis notum est,

qui non putant

adhibendam esse falcem plantis teneris,

10   quae nondum vulnera pati possint.

Discipulos id unum admoneo,

ut praeceptores suos non minus quam ipsa studia ament

et parentes esse non quidem corporum, sed mentium credant.

Multum haec pietas proderit studio.

15   Nam ita in scholam laeti convenient, libenter audient,

vituperati non irati erunt, laudati gaudebunt.

Discipuli, qui praecepta magistri secuti non sint,

puniendi quidem sunt.

Nam ut praeceptorum officium est docere,

20   ita discipulorum est praebere se dociles studiososque.

Sed eos caedi minime velim,

et quia turpe est, et quia illi,

qui vituperando correcti non sint,

etiam caedendo non corriguntur.

ēvītāre, ēvītō: vermeiden – **āridus,** a, um: trocken, langweilig – **tener,** tenera, tenerum: zart – **adhūc** *Adv.*: noch – **planta,** ae *f.*: Pflanze – **siccus,** a, um: trocken

admonēre: erinnern; warnen

nimius, a, um: zu groß – **sevēritās,** sevēritātis *f.*: Strenge
nocēre: schaden

nōtus, a, um: bekannt

adhibēre, adhibeō **falcem** *m. Dat.*: *etw.* mit der Sichel bearbeiten
patī, patior: ertragen

praeceptor, praeceptōris *m.*: Lehrer
parentēs, um *m.*: Eltern

pietās, pietātis *f.*: *respektvolle* Liebe

schola, ae *f.*: Schule

sē praebēre, praebeō: sich zeigen
docilis, e: gelehrig
caedere: *hier*: schlagen

corrigere, corrigō, corrēxī, corrēctum: (ver)bessern

26.2 Jetzt kennst du auch den letzten Konjunktiv. Wir lassen nochmals alle auftreten. Fülle aus.

1. Pers. Sing.						
2. Pers. Sing.					feceris	feras
3. Pers. Sing.				timeat		
1. Pers. Pl.			diceremus			
2. Pers. Pl.		tradidissetis				
3. Pers. Pl.	potuerint					

26.3 Nochmals die wichtigsten Konjunktivfunktionen. Übersetze.

a) Regula Benedicti dicit, ut ii, qui Christum vere quaerere cupiunt, oboedientiam praebeant.

b) Abbas: Praecepta Benedicti sequamur, cum via, quae ducit ad vitam, angusta sit.

c) Vitium tollatur, ne quis aliquid det aut accipiat sine iussione abbatis.

d) Abbas senioribus praeceptum dat, qui videant, ne frater quicquam contrarium sanctae regulae faciat.

e) Si omnes fratres praeceptis seniorum parerent, non ab iis vituperentur.

f) Abbas seniores interrogat, quid frater iste fecerit.

Benedictus, ī *m.*: Benedikt; *gründete den Mönchsorden der Benediktiner* – **abbās,** ātis *m.*: Abt – **angustus**, a, um: eng, schmal – **quis:** *hier:* jemand – **iussiō,** ōnis *f.*: Befehl, Anordnung – **sānctus**, a, um: heilig

26.4 So ein Mönch hat viele Pflichten. Formuliere wie im Beispiel angegeben.

Monachi sine mora parere debent – Monachis sine mora parendum est.

a) Fratres certis temporibus laborare debent. _____

b) Abbas monachum pigrum punire debet. _____

c) Monachos quicquam habere non licet. _____

d) Monachos suo arbitrio vivere non licet. _____

e) Fratres semper orare et laborare debent. _____

abbās, ātis *m.*: Abt

Lektion 27

27.1 Übersetze.

Alexander und der Seeräuber

Augustinus in opere suo, qui de civitate dei inscribitur, narrat

Dionidem piratam nave actuaria una

diu homines spoliavisse et cepisse.

Qui cum multis navibus iussu Alexandri imperatoris

5 quaesitus esset et tandem captus,

ab Alexandro interrogatus esse dicitur:

»Quamobrem mare te habet hostem?«

Ille statim respondit: »Quamobrem te orbis terrarum?

Si ego hoc ago una nave actuaria, latro vocor;

10 Tu vero,

si orbem terrarum magna navium multitudine opprimis,

praedicaris imperator.

Nisi pauper fuissem, naves non oppressissem.

Si fortuna adversus me benignior esset, fierem melior.

15 Tu autem, quo felicior, eo improbior fis.

Ergo ne me contempseris,

ne me vituperaveris,

ne mihi fortunam meam crimini dederis!«

Tum Alexander piratae magnas divitias dono dedit

20 et Dionides de latrone princeps iustitiae factus esse dicitur.

Randglossar:

Augustīnus, ī *m.: latein. Kirchenschriftsteller (um 400 n.Chr.)*
Diōnidēs, is *m.: Eigenname –* **pīrāta**, ae *m.*: Seeräuber –**nāvis āctuāria**, nāvis āctuāriae *f.*: Galeere
spoliāre, spoliō: ausrauben

Alexander, Alexandrī *m.: makedonischer Feldherr (4. Jh. v.Chr.)*

mare, maris *n.*: Meer

latrō, latrōnis *m.*: Räuber

fortūna, ae *f.*: Schicksal – **adversus**: gegen

crīminī dare: zum Vorwurf machen

dīvitiae, ārum *f.*: Reichtum

iūstitia, ae *f.*: Gerechtigkeit

27.2 Das Verb *consulere* hat viele Bedeutungen, einige davon kennst du bereits. Übersetze mithilfe des Wörterbuchs.

a) populum de rebus necessariis consulere – b) eum librum boni consulere – c) dignitati suae consulere – d) crudeliter in plebem consulere – e) omnibus de rebus consulere f) patriae consulere

Lektion 28

28.1 Übersetze.

Karl der Große und die Sachsen

Tum bellum Saxonum repetitum est.

Quo nullum saevius

Francorum populo gerendum erat;

nam Saxones, sicut omnes fere Germaniae incolae

5 et natura saevi et cultui daemonum dediti

nostraeque religioni contrarii

neque divina neque humana iura transgredi

turpe putabant.

Id bellum per triginta tres annos gerebatur.

10 Poterat quidem breviori tempore finiri,

si Saxonum hoc perfidia pateretur.

Constat autem illos saepius pollicitos esse

se se imperatori dedituros,

cultum daemonum dimissuros,

15 se ad Christianam religionem convertere velle.

Illi ut se paratos esse dicebant ad omnia facienda,

quae exacta essent,

ita promissis numquam manebant

Karolus cum denique omnes,

20 qui resistere solebant, vicisset

et decem milia hominum,

qui utrasque ripas Albis fluminis habitabant,

per Galliam et Germaniam distribuisset,

Saxones abiecto daemonum cultu

25 ad Christianam fidem conversi et Francis adunati

unum cum eis populum effecerunt.

Saxo, Saxonis *m.*: Sachse – **repetere,** repetō, repetīvī, repetītum: wieder aufnehmen

Francī, ōrum *m.*: Franken

sīcut: so wie – **Germānia,** ae *f.*: Germanien
natūra, ae *f.*: Natur – **cultus,** ūs *m.*: Verehrung – **daemon,** daemonis *m.*: Dämon, Götze – **contrārius,** a, um: *hier:* feindlich gesinnt – **trānsgredī,** trānsgredior: übertreten

trīginta *undekl.*: 30

poterat: *hier:* er hätte können

perfidia, ae *f.*: Treulosigkeit
patī, patior: zulassen

dīmittere, dīmittō: *hier:* aufgeben

Chrīstiānus, a, um: christlich

ut: *hier:* zwar

ita: *hier:* aber

Karolus, ī *m.*: Karl der Große; *wurde 800 n.Chr. zum Kaiser gekrönt* – **resistere,** resistō: Widerstand leisten

rīpa, ae *f.*: Ufer – **Albis,** Albis *m.*: Elbe – **flūmen,** flūminis *n.*: Fluss
Gallia, ae *f.*: Gallien – **distribuere,** distribuō, distribuī: verteilen
abicere, abiciō, abiēcī, abiectum: aufgeben
adūnāre, adūnō + *Dat.*: vereinigen mit